自律的交易者

(珍藏版)

[美] 马克·道格拉斯 著

张 轶 译

地震出版社
Seismological Press

图书在版编目（CIP）数据

自律的交易者：珍藏版/（美）道格拉斯（Douglas，M.）著；
张轶译．—北京：地震出版社，2015.2（2025.9 重印）
书名原文：The disciplined trader
ISBN 978-7-5028-4481-3

Ⅰ.①自…　Ⅱ.①道…②张…　Ⅲ.①证券交易-商业心理学
Ⅳ.①F830.91②F713.55

中国版本图书馆 CIP 数据核字（2014）第 248541 号

地震版　XM6068/F（5172）

著作权合同登记　图字：01-2010-1707
本书已获得作者许可出版。作者保留所有权利。

自律的交易者（珍藏版）

[美] 马克·道格拉斯　著　张轶　译
责任编辑：薛广盈
责任校对：庞亚萍　凌樱

出版发行：地震出版社
北京市海淀区民族大学南路9号　　邮编：100081
发行部：68423031　68467991　　传真：68467991
总编办：68462709　68423029
证券图书事业部：68426052
http://www.seismologicalpress.com
E-mail：zqbj68426052@163.com

经销：全国各地新华书店
印刷：河北赛文印刷有限公司

版（印）次：2015年2月第一版　2025年9月第10次印刷
开本：787×1092　1/16
字数：156千字
印张：12.75
书号：ISBN 978-S7-5028-4481-3-01
定价：50.00元

版权所有　翻印必究
（图书出现印装问题，本社负责调换）

To Paula Webb for her love, understanding and being there out the process of writing this book.

感谢保拉·韦布,感谢她的爱,感谢她在我写作本书时的理解和支持。

序　言

从1979年开始，我在交易界的独特身份让我有机会和几千名交易者、经纪人和交易顾问互相交谈提问，这样的机会是难得的。我不是经纪人，也不是业务通讯邮件撰写人。我是"电脑跟踪"公司的首席执行官，我们的公司为股票和期货交易者提供技术分析服务。我认为我的职位是中性的，任何人都可以自由地和我交谈。我在1960年开始为自己交易，很快我就发现了心理因素会影响优秀的交易和资金管理，和我交谈的所有人都确认了这一点。

故我认为，无论是基本面分析方法，还是技术面分析方法，成功的交易80%靠心理，20%是方法。假如你只是大概地了解基本面和技术面信息，但是你的心理控制力很好，你也能赚钱。相反，假如你有一个很好的系统，你用这个系统做了模拟测试，长期下来这个系统的业绩很好，但是你的心理控制能力不行，你就会成为输家。

优秀的交易者根据经验知道长期下来自己亏损的交易笔数要比赢利的笔数多，但是通过资金管理，认真的风险分析，再加上止损单的保护，他们可以避免麻烦并捕捉到"大"行情，总体是赢利的。资金管理由两个关键的元素组成：心理管理和风险管理。风险管理来自心理，交易者在心理上提前考虑到了风险。

我想特别告诉新手和市场参与者，解读并分析你的动机当然是必要的，但更要避免在压力下频繁交易。在一开始的时候动作要慢，对每笔交易都要提出疑问。我交易的动机是什么？我是如何管理这笔交易的？这笔交易最终成功了吗？为什么？你亏损了吗？为什么？写下你的评价，看看自己的评价，然后再做下一笔交易。

每次"电脑跟踪"公司举办大型的研讨会时，我都会嘱咐主讲人要告诉听众交易心理的重要性。抢走你的利润，席卷你的本金的人并不是所谓的"他们"，而是"你"自己。美狄亚在谋杀自己的小孩前说："我知道我要去做邪恶的事，但是我的无理性比我的理性强。"如果这个观点和你的交易思想一致，那么《自律的交易者》是你绝对要读的书。

阅读本书能给你带来美好的享受，我个人走了不少弯路，我在书中能看见自己过去的影子——讲的就是我，讲的就是我！马克采用了逻辑对话的形式写作本书，阅读的时候你会觉得自己就坐在他身边，他就像一个老朋友一样娓娓而谈，你肯定你会享受这个过程的。如果你从没有犯过大错，现在又愿意花时间阅读本书，那么我认为你是幸运的，你会更加了解自己，你会学到相关的技术。肯花时间反思并实践的交易者会生存下来，甚至会兴旺发达的。

蒂莫西·斯莱特
"电脑跟踪"软件公司总裁

前　言

要想成为成功的股票或期货交易者，《自律的交易者》能全面地指导你理解自律心理并实现个人转变，它会一步一步地指导你适应交易方面的非同寻常的心理特点。

我说"适应"是因为大部分交易者都不知道我们从小到大的文化环境和交易环境是有差别的，然后他们就开始了交易。如果不知道这些差别，他们就不会意识到很多在社会中有效的信念会成为交易的障碍，想成为成功的交易者就极及困难。要想达到成功交易者的水平，他们要改变很多对市场行为的看法。

和社会环境不同，交易竞技场有很多特点，这些特点要求交易者必须有高度的自控和自信。因为我们从小开始就会受到大人们的控制，他们要求我们的行为必须和社会的期望一致，所以大部分交易者缺少这种自控。

社会用奖惩制度规范我们的行为。如果社会环境要奖赏我们，我们就可以自由地用特定的方式表达自己；如果社会环境要惩罚我们，我们就得不到我们想要的东西，我们就会产生情绪痛苦，或者是受到了体罚，引起肉体上的痛楚。比我们更有力量的人通过这种奖惩制度教会了我们唯一的行为控制方法。因为别人剥夺了我们的力量（尤其是我们学会得到自己想要的东西的方法），所以我们以为我们要依靠别人才能成功。同理，我们以为自己必须获得控制力量才能得到我们想要的东西。

你必须明白一点，你在生活中学到的方法在交易环境中无效。

你的能力再强，你也无法控制市场。在社会中，你要控制自己的行为，但市场环境不会控制人的行为。市场绝对不会控制你，也不会理你，更不会关心你的福利。

如果说你无法控制市场，市场也绝对不会控制你，那么你的认知和你的行为都是由你控制的。你唯一能控制的就是你自己。作为交易者，你要么赚钱给自己，要么送钱给别人。有几个心理因素会决定你的具体方式，但这些心理因素和市场几乎没有什么关系。当你学会了一些新技术并学会了如何适应市场环境后，你就能赚钱了。

要想在市场环境中成功操作，你必须学会你并不熟悉的自控方法。无论你想怎么做，要想在市场中得到你想要的结果，你就要学会认识到有各种可能性存在。只有极少数交易者知道要为自己的行为负全责，也只有极少数人知道该怎么做。

大部分人都不知道如何在无拘无束的环境下操作。在交易环境中，你要自己制定规则，自己遵守规则。我们都适应了墨守成规的事，但价格像流水一样波动，大部分人不适应。在市场环境中，因为价格一直在波动，所以我们随时要做决定。你不但要决定如何进场，你还要决定何时进场，持有多久，何时出场。市场环境中没有开始，没有中间过程，也没有结束——只有你的想法。

除了做决定时的负面心理暗示，你在做交易时，哪怕每笔只做一份合约（指期货），潜在的利润是无限的，潜在的亏损也是无限的。从心理的角度来说，这笔交易有可能让你实现财务自由；也有可能让你彻底破产。价格一直在波动，你很容易忽略风险并认为这次可以例外，不必遵守自己的规则。

在市场环境里，你可以完全自由地表达自己，同时市场环境有无限的可能性和无限的风险。如果你没有注意到无限的可能性和无限的风险，那么就会爆仓并感到痛苦。

这个残酷的现状说明了为何只有少数人能交易赚钱。大部分交易者低估了困难，高估了自己的能力，期望值过高。因此大部分交易者都会遭受心理创伤。"心理创伤"指可能会产生恐惧感。

我们对环境的信念会产生恐惧心理，环境则有可能会导致肉体上的或情绪上的痛苦，情绪上的痛苦可以表现为紧张、焦虑、困惑、失望或背叛。未实现的期望会导致情绪痛苦。一个人对事物会有一定期望，当现实情况没有兑现这个期望时，就会产生冲突。这种冲突会以紧张、焦虑、困惑等情绪表达出来。

当外部环境会给人们造成冲突时，人们会在心理上自动地防范外部环境，从而避免痛苦。防范的方法包括否认、强辩和辩解——这些做法会导致认知扭曲。

当我们期待的事物和环境提供的事物发生冲突时，我们的心理系统会自动地有选择性地认可特定信息以补偿这种冲突，这样就发生了"认知扭曲"。这样我们就会认为外部环境和我们内心环境在"分享现实"，这样就回避了痛苦。我把"分享现实"定义为一个人对环境的信念和真实的环境状况是一致的。

如果你扭曲了市场信息，市场才不会和你分享现实；你只是沉迷在自己的幻想之中，这样你就不至于感到失望了，而你的这种做法叫"强迫意识"。很明显，如果市场的行为和你想看见的不一样（因为你不愿意相信某些市场信息），那么你就会扭曲你的认知。这种扭曲的现象会持续下去，直到市场现实和你的幻想之间差距过大时，你就放弃了幻想。通常你会感到很吃惊，你搞不懂为何事情在转瞬之间就变得这么糟糕。

在这种情况下，市场迫使你处理好你的幻想问题，这样你就感到了痛苦。由于我们从小到大接受的教育都差不多，我们都喜欢坚守自己的期望并想控制市场。你总有一天会明白这个现象的，当你明白的时候，你就学会了要思维灵活，这样就才意识到其他的可能性——也许你无法控制市场，但你可以控制自己的认知，让自己变得更加客观——这样你和市场才能更好地分享现实。

强迫意识会让你感到痛苦，但它们很难阻止你被市场提供的机会吸引过去。然而，这对你的心理累积的影响是消极的。如果你吃过一些强迫意识的苦头，你对市场波动的认知最终就变成了避免痛苦，而不是寻找机会。你害怕亏钱、害怕犯错或害怕错过机会，这些动机决定了你的行为。

当恐惧成为了一种动机，影响你的行为时，你就遇到了三个问题：第一是因为你一直担惊受怕，所以你看到的机会有限；第二是你只关注你最害怕的信息，看不见其他信息；第三是你的恐惧心理会自动地把其他的市场信息给屏蔽了，你不知道还有其他可能性和其他机会。

当你明白了恐惧心理和认知之间的消极关系时，你会很吃惊地发现你本想尽量回避亏损，但实际上你创造了亏损。恐惧心理还限制了你对任意环境的反应能力。很多交易者明明知道该怎么做，但是在应该行动的时候却变得呆若木鸡。

交易者必须形成高度的自信心理，然后才能在没有结构特征的交易环境中成功地交易。我把自信定义为没有恐惧心理：该行动的时候就行动，毫不犹豫。任何犹豫都会导致自我怀疑和恐惧心理。自我怀疑会让你感到同等程度的恐惧、焦虑和困惑。

在恐惧、焦虑和困惑心态下交易带来的消极体验会让你感到更加无能为力，即使你能在别人面前隐藏自己无能为力的感觉，但是你自己心知肚明。如果你认为市场行为不可捉摸，那是因为你自己的行为不可捉摸，不好管理。无论你是怎么想的，如果你不知道自己下一步要怎么办，那么你也不知道市场下一步会如何。

少数成功的交易者克服了这些心理障碍，他们慷慨地总结了一些短小精悍的交易智慧，比如："学会接受亏损"、"顺势而为"、

"趋势是你的朋友"、"截断亏损,让利润奔跑"、"只有了解自己,才能了解市场"等等,《自律的交易者》一书会剖析这些交易心理智慧,形成有步骤的学习过程,这个学习过程会领着你走过不同的必经阶段并成功地进入交易状态。本书会解释什么技术是必须的,为什么你要学会这些技术,更重要的是告诉你如何学习这些技术。

本书共分为四个部分。第一部分包含两章,主要是内容介绍。第二部分包含第3章到第8章,这些章节定义了成功之路上会遇到的问题或挑战。第三部分包含了六章的内容,它们会告诉你一些基础知识,告诉你要改变心理环境中的哪些方面以及如何去改变。第四部分包含了第15章和第16章,这两章会综合所有的内容并形成特定的交易技术。通过这些章节的学习,你将学会如何客观地观察市场波动,你将学会如何控制自己的行为,你将学会按照一定的步骤创造性地突破心理障碍。

感 谢 词

大部分人都明白写书是很困难的，写书期间作者需要很多人的帮助。在我的写作过程中，许多人为我提供了帮助，我想特别感谢他们，首先是我的父母约翰和海伦·尤辛；我的兄弟姐妹——克雷格、迪恩和桑迪·尤辛——感谢他们的爱和支持；我要感谢交易行为动力公司的合伙人布莱德·强生，感谢他的耐心和友好；感谢吉姆·萨顿、邦妮·马洛、杰克·伯恩斯坦、伊丽莎白·麦肯锡、史蒂夫·苏肯尼克和杰克·卡尔，是他们帮我起步的；感谢在过去6年中和我一起共事过的所有交易者，特别是吉姆·格里斯沃尔德、杰瑞·斯达耐克、杰克·布拉苏、史蒂夫·比亚努奇、麦克·甘宝和查克·佩迪，感谢他们的友谊和支持；感谢提姆·斯莱特给我写作的机会；感谢瑞奇·米勒的支持，他是我的好朋友；感谢罗莉和尼奇·马洛给我带来的幸福；感谢我的朋友和著作者科特·利兰传授给我的一切知识。

目　录

第一部分　介绍
第 1 章　我为什么要写这本书 ………………………………… 3
第 2 章　为什么要采用新的思维方法 ………………………… 13

第二部分　从心理角度来看交易环境的本质
第 3 章　市场永远是对的 ……………………………………… 29
第 4 章　赚钱和亏钱的可能性都是无限的 …………………… 31
第 5 章　价格永远在波动 ……………………………………… 33
第 6 章　市场是没有结构的环境 ……………………………… 41
第 7 章　在市场环境中理由并不重要 ………………………… 49
第 8 章　成为成功交易者的三个步骤 ………………………… 55

第三部分　建立认识自己的框架
第 9 章　了解心理环境的本质 ………………………………… 71
第 10 章　记忆、联想和信念是如何管理环境信息的 ……… 83
第 11 章　为什么要学会适应 ………………………………… 101
第 12 章　实现目标的动力 …………………………………… 117
第 13 章　管理心理能量 ……………………………………… 131
第 14 章　有效改变的技术 …………………………………… 141

第四部分　如何成为自律的交易者
第 15 章　价格波动心理 ……………………………………… 153
第 16 章　成功的步骤 ………………………………………… 169
第 17 章　最后的说明 ………………………………………… 187

第一部分 介 绍

第1章　我为什么要写这本书

我从1982年夏天开始写作本书，从那时起，关于期货的方方面面都在飞速发展。新的交易所成立了，新的合约被创造出来了，咨询服务公司越来越多，新闻服务公司也越来越多，相关的书籍和出版物也在增加，卖技术交易系统的人也越来越多，很多系统都是用计算机软件轻松地跟踪市场的。虽然交易相关的产品和服务越来越多，但是有一个事实并没有改变，那就是只有10%的经验丰富的交易者赚了很多钱，其他90%的交易者则在一年又一年地亏损。

在期货市场，一个交易者赚了1美元，就有一个对应的交易者亏了1美元。如果少数交易者能够做到持续一致地赚钱，每次至少赚到了1000美元，这等于他们每天从几千名交易者口袋里直接拿钱。有些非常成功的交易者已经在全国出名了，但是大部分交易者只是在芝加哥或纽约比较有名。勿庸置疑，每个人都想知道他们的交易方法。

少数赢家和大部分输家之间必定有某种区别，这种区别在于每周、每月、每年持续一致赚钱的交易者自律地进行交易。当别人询问他们成功的秘诀时，他们都直截了当地说他们一开始也是亏损的，直到他们学会了自律、情绪控制和顺势而为之后他们才开始持续一致地累积财富的。

首先，我想指出，自律、情绪控制和顺势而为的思维都和心理有关，和新闻服务、咨询服务、听消息、技术交易系统、基本面交易系统、计算机交易系统或其他交易系统都没有关系。

第二，根据我的经历、观察和研究，我发现包括赢家和输家在内的所有交易者都有某些共同的体验。在刚开始交易的时候，或在交易生涯的早期，所有的交易者都体验过困惑、沮丧、焦虑和失败的痛苦。只有少数交易者努力地解决了这些心理问题，然后才能开始累积财富；即使是最优秀的交易者，这个改变的过程也需要几年的时间。

如果说自律和情绪控制就是成功的关键，那么很遗憾的是我们并非天生就拥有这些特点。相反，我们要学习特定的心理技术之后才能掌握这些特点。学习这些心理技术是一个试错的过程，成本很高，很容易让人感到痛苦。交易中试错的最大问题是大部分人提前把钱亏光了。其他交易者即使没有把钱亏光，但是他们受到的心理创伤太严重了，他们无法自拔，所以他们无法学会持续一致地成功交易。如此一来只有少数人能成功。

所有的优秀交易者，包括过去的和现在的，他们都很难解释自己的交易方法，他们更讲不清自己的成长过程。很多优秀的交易者很乐意和别人分享他们的市场见解，但是却不愿意分享自己的交易方法。当别人向他们请教时，他们会说仅仅知道所有的市场知识是没用的，必须学会自律和情绪控制，但是他们并没有具体解释。

举例说明，人们常说要"截断亏损"，这个格言确实是交易智慧，但是你如何向别人解释具体的步骤？如果交易者的仓位是亏损的，市场一直在波动，交易者认为自己随时可以回本，你如何向他解释？如果你认为他的钱和他的自尊都有危险，无论他怎么想，市场只是有可能让他回本而已，那么你会发现向他解释"止损"的必要性是多么的困难，向他解释如何根据正确的心理及时止损则更困难。

最简单的解释这种智慧的方式就是直接说："如果你想成为成功的交易者，你要学会自律和情绪控制。"这种解释等于没解释，我认为这种模糊的建议基本无效，有两个原因：第一，自律和情绪控制是抽象概念，不好解释，也不好理解。我们常常听见或看见这两个词，但是如果你让别人告诉你具体的含义，恐怕对方就不知如何解释了。第二，现在已经成功的交易者在刚开始交易时没有地图，没有路标，没有人指导，也不知道最终结果如何。他们必须自己摸着石头过河，这么做花费的时间比较长。少数人从很多错误中熬过来了，大部分人则破产了，失望了。

在过去，愤怒、紧张、焦虑和恐惧等情绪对他们有消极的影响，到了某个阶段他们会发现这种影响消失了，他们意识到自己有了变化。因为自信和消极情绪之间是有直接关联的，他们一定是获得了某种程度上的自信，所以他们知道如何正确地应对可能的市场状况。自信和恐惧都是心态，在本质上是相似的，会通过不同的程度表现出来。当一个人的自信程度增加的时候，他的困惑、焦虑和恐惧程度就会相应地减少。

当人们学会了当机立断地毫不犹豫地做事时，他们的自信就增强了。有了自信，他们就不会害怕市场行为的不确定性了。然而，我想强调的重点是，交易者无法改变市场，没有必要改变工具，交易者只能改变自己，也就是做出心理上的改变。

当交易者通过试错获得了进步并学到新技术以后，考虑到以前的成长过程充满了痛苦、焦虑和沮丧，他们不太可能把自己的学习过程完整地记录下来。很明显，如果一个人忘记了自己是如何学会技术的，他就很难向别人解释清楚自己是如何学会的。

另外，如果一个人赚到了梦寐以求的财富，他是没有动力和精力再研究这些抽象的技术的，他也不想详细描述自己的成长过程，然后让别人来学习。和交易的技术相比，如果想讲清楚如何成为成功的交易者，这需要不同的技术。我后面会解释的，我学习成为交易者的过程和学习写作本书的过程是不同的。一种学习过程是我选择的，另一种学习过程是被迫的。

之所以说是被迫的，那是因为我在交易时亏掉了房子、车子和几乎所有的东西，然后我才意识到要改变自己的观点，这样才能在交易环境中有效地操作。破产经历绝对是改变人一生的体验，这种体验告诉了我恐惧的本质和恐惧是如何削弱一个人的交易能力的。

我把通过这次体验学到知识叫作强迫意识。因为一开始的无知，我在心理上回避了某些信息，所以我并不知道实际的市场和我想象的并不一样。最终，市场迫使我重新认识自己的很多方面；如果不是市场的迫使，我是不会从这些方面来认识自己的。当我失去了一切的时候，我被迫无奈地用新的方式来认识自己。

以上所说的事发生在1982年3月，我当时在美林商品公司的芝加哥分公司做交易员。1981年6月之前我在底特律郊区从事商业财产保险事业，事业很成功，不担心钱的问题，1981年6月我搬到了芝加哥，到美林公司找工作。因为我当时还买不起芝加哥商业交易所的会员席位，又不知道可以花钱租用席位，所以我选择了到美林公司做交易员。

我在芝加哥黄金海岸买了一套价值昂贵的公寓，我还有一辆保时捷，我在底特律富人区的房子并没有卖掉，我还在供着，我女朋友和她的两个女儿住在那里，我每个周末要么驾车往返于这两个城市之间，要么就坐飞机往返。因为我是高消费，我入不敷出，我的财务压力很大。在当时的情况下，我认为只有通过做交易赚大钱才行。

我在去芝加哥之前已经交易了两年多，爆仓了两次。当然了，每次我都快速存钱并重新开始交易。短期内的成功和少数赢利的交易都让我认为自己可以继续交易下去。有一次我本来是可以赚到25万多美元的，可惜我在大行情发动之前提前出场了。这事让我感到很郁闷，但是这件事也促使我和交易铆上劲了，我决心一定要成功。从那以后,我决定只要有钱,我就购买所有的投资书并参加所有的研讨会。

我看过的所有投资书都没有讲解如何在金钱压力比较大的情况下赚钱——比如钱少时怎么赚钱,输不起的前提下如何赚钱,这些都没讲。因为我的本金很少,我的生活作风又是高消费,我绝对亏不起,所以说市面上的投资书无法帮助我。我还能证明我的运气也不好。

因为我觉得在芝加哥可以认识懂交易的人,我能从他们身上学到交易的方法,所以我搬到了芝加哥。现实给了我当头棒喝,我就职的美林商品公司是第二大的商品公司,有38个交易员。当我发现只有一位交易员和我一样有交易经验时,我大吃一惊。当我发现所有交易员的客户都没赚钱时,我更是大吃一惊。实际上,公司的客户平均四个月就要被爆仓。

既然公司的交易员不会赚钱,我想场内的交易者肯定会赚钱,我就开始结识场内交易者,不过我又失望了。我发现和我公司的情况差不多,虽然出名的场内交易者很多,他们的名声和神秘让每个人都感到畏惧,但是我找不到一个持续一致地赚钱的场内交易者。我碰到的场内交易者们都很困惑,都不知道该如何交易,他们在交易时都要问问周围的人,如果别人说没问题,他们才敢动手。我并不是说他们从不赚钱,有些交易者确实有赚钱的时候,但是他们守不住钱。我知道有些交易者在开盘后1~2个小时内就能赚2000~3000美元,但是他们很快就把利润回吐了,甚至亏损。

似乎每个人都在犯同样的错误,似乎大家都不以为然。因为下一笔交易有可能会时来运转,所以大家都不会把错误当作问题来看待。如果下一笔交易能让你赚大钱,那么何必没事找事呢?包括我在内的所有交易者都以为总有一笔交易会赚大钱。我太想赚大钱了,有时候我对500~700美元的利润竟然无动于衷,竟然看不上这些小利润。这听起来有点荒谬，不过在当时，我认为这么少的利润是市场对我的侮辱，我想赚大钱，不是赚小钱。

当我的财务问题越来越严重的时候，我也越来越绝望。我对诸事不满，但我仍然坚信我会熬出头的。不过到了1982年3月一切都结束了。8个月前我搬到芝加哥来追求财务自由，8个月后除了我的工作、公寓、衣服、电视和床，我失去了一切。

一夜之间，属于我的东西都没了——我的房子、车子和信用都没了，这些东西是可以代表我的身份的。我一直很重视自己的信用并为信用优良感到骄傲，结果现在没信用了。正如我在前面所讲的，破产是有可能的，不是没有可能，只是我不愿意去面对这种可能性罢了。我没有实现愿望，找个借口还是很容易的。

拒绝冲突的信息会给人造成很大的压力。就我而言，我害怕破产，我会尽量回避这种恐惧并把它藏在内心深处，不去想它。不过，在某种程度上我还是能感觉到自己会破产。为什么我会如此害怕？我如何面对可能会破产的局面？一个信念认为我会致富，另一个信念认为我可能会破产，如何面对这种冲突的信念？真的破产以后，我该何去何从？

我很快就找到了答案。当我的财务状况越来越差时，我也开始崩溃了。我最终承认自己失败了，然后我正式申请破产。

这事发生以后，我内心发生了很多变化。当生活遇到了重大变化之后，我和别人一样，对自己更加了解了。让我感到吃惊的是，我首先发现我没有压力了。当我无所期盼、无所畏惧、无所担忧的时候，我感觉很轻松。我熬过了最难熬的时光，再也没有过不去的坎了。看样子破产也没有想象中的那么惨。我仍然活着，我很健康，我还能思考，我还能做事，此时我真的很感谢自己还能思考，这是我最大的资产啊。

对自己的感谢在内心深处认识到了自己的本质。从小到大，我总是认为自己占有的物质越多,我就越富有,就越有男人味。此时我才意识到我比自己收集的物质财富还要重要。浮华散去,我才能看到事物的真面目。这个新的认知告诉我自己错在哪里了,还告诉我失去了一些财物不要紧,只要人还在就行。我发现承认自己会犯错,承认没有失败这回事是一种自由。

因为我觉得我的经历有点特殊,所以我不露声色。每个人都知道很多交易者破产过,有些人在破产后会和我一样重新认识自己,但是他们的资金已经不多了,无法继续交易。我也没钱继续交易了,不过我仍然在美林公司上班。实际上是一切照常,就像什么事都没发生过一样。当然了,我并没有告诉公司的人和客户我已经申请破产了。我现在唯一能做的事就是做好交易员这份工作,我还有希望成为优秀的交易者。

这次变故导致我最终决定写作本书。当内部心理环境影响我对外部物理环境的体验时,我要研究各种心理变化,我算是幸运的,我还能继续做交易(但不是我的资金)。

内部心理环境和外部物理环境的关系并非那么明显,但此时是明显的。市场通过无尽的波动为交易者提供了赚钱的机会。交易者可以自由地在这个环境中进行交易以获得自己的结果,这个环境和社会生活环境的很多约束无关。无尽的波动带来的无穷的机会完美地反映了交易者的态度。交易者的所作所为都是没有任何限制的。交易者具体是如何想的,那是交易者自己的事。

举例说明,如果我认为市场中有风险,害怕亏损,那并不是因为外部环境在用某种方式威胁我。我害怕的原因是因为我不能预测未来,或是因为我不能采取最有利的措施。我真正害怕的是自己没有自信,不知道采取正确的措施。

另外,我发现我总是在千方百计地回避亏损;当我回避亏损的时候,我实际上是在创造亏损。你可以这样想:没有任何人可以预测到未来。我们特别关注的环境信息是我们认为最重要的信息。因为我们认为这个信息很重要，当我们把越来越多的注意力放在这个信息上面的时候，这就等于我们自动排除了其他信息。

我本应该重点关注表明有潜在机会的市场信息，结果我反而去关注我最害怕的信息去了。如此一来，我就忽略了很多表明市场有其他的可能性，会提供其他机会的市场信息。只有放弃让我分心的信息，我才能看到这些机会（这样就不会在事后才明白原来是有机会的）。

当我对亏损和犯错的信念改变以后，我就知道我错过了什么。一旦我改变了自己的观点，我就能注意到过去我总是忽略了的市场的特征和特征之间的关系。

当我破产以后，在某种程度上我什么都不怕了，我学到了最重要的一课：客观地接受亏损，不要有消极的愧疚感，不恼怒，不怕丑，不自责。

恐惧感消失以后，因为我变了，所以我看见的市场也不同了。这就像我戴了一副有色眼镜，我自己并不知道，现在有人替我摘除了有色眼镜一样。在这之前，恐惧一直影响了我的交易。我根本没有意识到没有恐惧地交易是什么样子，我也不知道没有恐惧才能实现成功的交易。

很明显，恐惧阻止了我了解交易规则和资金管理规则的重要性。我的头脑越来越清醒了，我越是按照规则办事，我就越自信。我越自信，我就越关注市场行为的微妙关系以了解新动向，这样我就能更上一层楼。最终，我能感觉到这些态度对我产生了积极的影响，我能做到顺势而为了。我越是不关心自己的对错，我的头脑就越清醒，这样交易就比较轻松了，只要我止损了，我就能为下一笔交易做好心理准备。

到了1982年6月，我已经能为客户持续一致地赚钱了。虽然按照大部分交易者的标准来说我赚的并不多,但收益很稳定。一开始是每天赚钱,到后来是每周和每月都赚钱。到了1982年8月,我决定写一本书,至少是举办一个研讨会,这样我就可以把我的经验告诉别人了。

在出版界,这方面的书还是空白。市面上根本没有哪本书会如此深入地阐述交易心理并有效地让读者明白为何成功是如此地捉摸不定。我的这本书是为这样的交易者写的,他想有计划地、系统地、一步一步地学会必要的心理技术并在未来的市场中交易,这种方法的秘诀就是学会新的思维方法。

第2章　为什么要采用新的思维方法

我想在本章说明，社会灌输给个人的价值观、信念和成功思维方法对于交易来说是不实用的，是不能交易成功的。有些人想用自己熟悉的方式做交易，但他们总是感到沮丧、焦虑、害怕并在想到底是哪里错了。

讽刺的是，从表面上看，交易很简单；但对于大部分人来说，交易其实是最难的事业。成功总是看起来触手可摸，但又总是遥不可及。交易者只有学会了新的思维方法，才会改变这种沮丧的局面；这种新的思维方法和传统的文化环境、社会环境是不兼容的。

也许读者们都听说过一个研讨会，这个研讨会告诉客户如何赤脚走过铺了20英尺长的火堆，有人称之为走火大会。设计这个方法的人是想证明一些人比其他人优秀是因为思想不同——他们的思维方法和别人不一样。这个方法是可以传授给别人的。优秀人士和普通大众的唯一区别在于思维方法的不同。

正因为有了这个想法，所以才有人跑到南太平洋去，他们在当地做研究，看看哪些人能够做到毫发无损地赤脚走火。一旦找到了少数能够走火的人，这些人就会研究走火人的思维方法，这样就可以在美国教别人如何走火。

我没有必要指出赤脚走火的这个想法对人会造成什么样的影响，即使是想象一下都会让人毛骨悚然。如果脚烧伤了，那么可能要跛一辈子，这不是开玩笑。根据各种媒体的报道，凡是参加了走火大会的人都一致认为收获太大了，他们克服了自己的恐惧心理，并赤脚走过了20英尺长的火堆。

我并没有建议你在交易所场内走火，我只是想说思维习惯是很难改变的。要想掌握优秀交易者的思维方法，你要对自己的一些信念提出质疑并深入研究其根源。有时候清理一下思维就能排除失败的思维并为成功做好了准备。清理思维的第一步就是问自己："如果那个信息是真的，会如何？"

我在第二部分会详细讨论这个现象，对于新手来说，市场环境和社会环境完全不同。举例说明，市场看起来是无穷无尽的，永远在变化，没有特定的结构，一直在波动，每笔交易可能会赢利，也可能会亏损，利润是无限的，亏损也是无限的。

市场环境对个人心理的影响是巨大的——尤其是当你想到在生活中我们的一切都是有条条框框的，有限制的，受法规约束的，如此一来所有事物能基本上保持一致。对于大部分人来说，相对平稳的环境意味着安全和幸福。

如果交易者无法接受时刻变化的现实，市场就会通过不停的变化来摧毁交易者的安全感，而且会给交易者带来严重的思想压力，让交易者感到市场里的竞争太激烈了。交易者一方面想赚几百万，另一方面又担心会爆仓。市场一方面用财务自由来诱惑交易者，另一方面又准备着剥夺交易者的一切，这简直就是在戏弄交易者。

另外，在职场上，人们可以通过长时间的努力取得丰厚的回报，但是在投资市场行不通。比如，很多职位的收入是固定的，是按照时薪计算的，或是按照年薪计算的，无论你多么努力，你都得不到加薪。对于交易者来说，仅仅靠努力也是没用的，努力和回报之间没有任何关系。交易者的一个简单决定就可以在几秒钟内发一笔横财。

当你在几秒钟或几分钟内赚了很多钱时，你一开始会觉得肯定是哪里出错了，一定有问题！不管你信不信，我们所接受的教育是一分耕耘一分收获。实际上，很多人因为从小接受的教育，再加上其宗教信仰，他们会认为不劳而获是不道德的。

在市场中短时间内赚到了很多钱会被大部分人认为是不劳而获的行为。如果一个人没有对此做好心理准备，那么当他发了一笔横财时，他将如何面对传统的信念？他可能会把利润返还给市场，这样内心就不会感到冲突了。

大部分交易者不知道传统文化和交易环境的区别，也没有做出相应的调整，所以他们在交易时会犯错。思维方法可以重新定义市场行为，从而帮助我们避免犯错；它还可以管理好大部分无纪律的情绪反应。

传统文化只会让我们交易亏损

市场瞬息万变，需要你快速决策（可能是失败的决策），你没有时间拿当前的事和以前的经历做对比。你甚至意识不到以前有类似的经历而且你同样亏的很惨。因为市场变化快，你没有时间去考虑你的行为。

实际上，只有少数反应会导致失败，对你来说，这应该是个好消息。如果你知道了哪些反应会导致失败，你就能避免犯错并快速做出决策。

以下都是典型的交易错误，需要改正。

（1）拒绝给亏损下定义。

（2）即使意识到了某笔交易是亏损的，回本无望，也不愿意平仓。

（3）死多或死空，从心理的角度来说，这相当于想控制市场，等于在说："我是对的，市场错了。"

（4）不知道根据市场的结构和行为去分析市场可能的走势，反而死盯着价格或每笔交易的赢亏。

（5）亏损后报复市场，想把自己失去的东西从市场那里抢回来。

（6）即使感觉到了市场方向变了，也不愿意反转仓位。

（7）没有遵守交易系统的规则。

（8）感觉到了市场会有行情，做好了计划，但是当行情出现的时候却没有动手，白白错过了赚钱的机会。

（9）不知道根据自己的直觉做交易。

（10）有了持续赚钱的模式，但是随后一两笔交易就把利润回吐了，如此周而复始。

需要拥有的技术

无论是哪种活动——比如像交易这样的心理活动，或像游泳这样的竞技活动——我们都要学会专业技术。这些专业技术和我们过去学到的技术不同，所需的思维方法不同，行动方式也不同。

除了机械地要做的事——人人都学得会——特定的思维方法或策略才能让你更加优秀。虽然只有少数人拥有这种思维方法，但这种思维方法是可以学会的。

任何思维方法都包含了完成目标和解决问题的方法，这些方法最好叫做心理技术，也可以叫做思想运用技术。比如，可以用某种技术阻止自己在某种状况下犯错。常用的技术有：

（1）学会关注目标，这样你就能积极地关注你想要的，不是你害怕的。

（2）学会如何识别出对交易者有用的技术并掌握技术，不是关注钱，钱只是技术的副产品。

（3）学会应对基本面的变化。

（4）确认你可以接受的风险——你可以接受范围内的亏损数字——然后学会客观地看待市场并采用相应的止损。

（5）学会看见了机会时就要立即行动。

（6）学会让市场告诉你是不是到头了，而不是用自己的价值系统去判断是不是到头了。

（7）学会采用适当的信念，控制你对市场波动的认知。

（8）学会采用客观的态度。

（9）学会识别"真正的"直觉并学会持续一致地采用真正的直觉。

这和交易系统有什么区别

交易系统用一定的方法定义、量化并区分市场行为。因为市场表现出来的行为组合是无穷无尽的，其间既有机会，也有风险，我们的大脑可能会反应不过来。交易系统只关注特定的市场行为，这样我们的大脑就比较容易处理系统信号。交易系统还能告诉我们在特定的市场状况中该如何行动。如果没有交易系统的话，交易者就会感觉像在看不见陆地的机会之海中漫无目的地漂流一样。

因为交易系统能定义机会并提供建议，建议会告诉你方向，所以你会选择采用系统的建议。不过采用建议也是需要技术的，真正的技术不但能指明方向，而且能自动地引导你的意识。思维方法则决定在具体的时刻采用具体的技术。

我在本书中不会提供交易系统，本书谈论的重点是心理结构，心理结构和交易系统是有关系的。如果一个交易系统提供了信号，并给出了操作建议，那么我和你分享的思维方法会告诉你如何应用相关的技术。

当市场中突然出现紧张状况，交易者需要快速做决定的时候，仅仅拥有一个交易系统是没用的，关键是你要有必要的技术，你的技术可以控制好心理环境。

大部分交易者通过试错或应用一些验证有用的公式——有意或无意地——学到了一些技术或思维方法，所以他们认为自己在某种程度上是成功的。

一般情况下，一旦我们在某种状况下取得了成功，我们还想把成功的规则应用到其他方面。在有些环境下，如果你想成功，那么你要采用的心理必须是完全不同的。这种现象比较少见。

举例说明，如果你没有确认一个系统在哪种市场状况下有用，你就武断地采用了这个系统，那么一般情况下你会惨败。

很明显，人们在开始交易时不会认为自己的系统有问题，也不会认为自己会失败。实际上正好相反，他们会认为他们的系统一定能赚钱，他们一定会成功的。大部分交易者在开始交易之前从事的是其他行业，他们取得了成功。因为他们非常享受自己的成功，所以他们有信心把事业上的成功带到交易中。他们的信心其实是没有根据的，再加上市场会让人错误地以为好赚钱，结果就会导致交易者的期望都是不现实的。

认为交易很简单就会导致不切实际的期望。这也可能是大部分交易者第一次爆仓的主要原因。

几乎所有的交易者都在一开始认为交易很简单，这是一个心理陷阱。当你为自己制定业绩标准时，你很难明白这是一个陷阱。业绩标准有以下四个元素。

第一个元素是时间，大部分人认为时间除了永不停止之外，时间还是有限的，会用完的。第二个元素是我们的精力概念——我们的个人能量是有限的，用完了，我们就累了，如果不休息的话，我们可能会生病。第三个元素是专业的概念——我们要掌握并熟练使用的技术的数量，通常需要花费很多时间和精力才能达到专业

第 2 章 为什么要采用新的思维方法

水准。

我们是根据我们花费的时间和精力来评估自己的,所以说第四个元素是:回报。我们根据自己付出的时间、精力(个人的能量)、努力程度来评估自己的回报,这有点像时间、能量和回报之间一个供需公式。

现在我来说明为何交易并不是大家想的那么简单。第一,在市场交易并不需要什么精力,在场外交易更轻松。第二,因为交易者可以在很短的时间内赚到几千美元,所以时间并不是相关因素。如果你建仓后运气一直很好,回报会比你预期的还要多。因为在这个过程中交易者没有付出什么精力,所以交易会觉得赚钱速度快,赚钱很轻松。

大部分人自然地认为交易很轻松,他们第一次接触市场时就这么认为了。他们认为低买高卖就可以赚钱了,即使品种只是涨了几个基点,他们也会在心里把这几个基点乘以几份合约并发现利润太可观了(译者注:这个例子不太形象,如果在上证指数998点全仓买入,再在6000点卖出,那肯定很赚钱)。这笔利润意味着可以出国旅游、买到梦想中的小车或能实现财务自由。如果仅仅依靠打工的话,需要很长时间才能赚到这么多钱,所以他们错误地以为交易很轻松。

当新手看到可以如此轻松快速地赚到利润时,他以为自己可以无拘无束地有创造性地表达自己了。问题是新手并不知道在交易环境中如何评估自己的技术水平,他不知道在无限的环境中如何限制自己,他不知道掌握专业技术是需要时间的。交易者蒙蔽了自己的双眼,错误地判断了交易的本质。学会发现机会或学习完美地执行交易都是需要时间的,需要很多时间才能学会这两个技术。然而,不管你投入了多少时间,也不管你多么努力,这两个因素和回报之间并没有关系。

每个人刚开始交易时都以为交易太简单了，实现财务梦想只是一步之遥的事，如果预期没有实现，会如何？当他最终承认梦想破灭的时候，他会觉得痛苦、无助、罪过、甚至是羞愧。当一个人失败的时候，尤其是因为目标过高而失败的时候，就会产生三个主要的心理障碍，我们要先克服这三个心理障碍，才有可能成功。

第一个障碍是无助、罪过或羞愧的感觉，你要学会如何从中解脱出来；第二个障碍是痛苦的体验会产生恐惧感，你要学会确认自己的心理创伤并自我疗伤；第三个障碍是不适当的交易习惯，你要学会适当的技术以通过交易累积财富。

以上三个障碍看起来是艰巨的任务，但是我并不想低估它们。即使你还没有经历过情绪创伤，学会采用适当的技术也很难。请记住，只要你克服了这些障碍，回报将是极其丰厚的。和股票或期货的巨大潜在收益相比，哪个事业的收益能超过股票或期货？

当你阅读本书的时候，请记住——无论你眼中的现实和我眼中的现实有多么大的区别，我和任何人都不能否决你眼中的现实，这点很重要。如果你不想改变你的信念，别人采用暴利，甚至折磨的方式都不会让你改变你的信念。然而，如果我提供的东西是你想要的，那么你可能会暂时忘却自己的信念以看看我提供的东西是否对你有用。

前面提到的走火的人说明了思维方法可以让一个人暂时放弃"走火很危险"的信念——即使在过去他确实知道火会烧伤脚的。同理，你也可以采用一些交易赚钱的信念。你会发现过去的经历——在你想成为交易者之前的经历——给你带来的态度和信念都是对交易不利的，会导致你交易失败。

在改变内心深处的信念之前，你自然想知道改变信念的过程是什么样的，你还想知道改变信念后会有什么好处。

就像所有的交易者一样，也许你已经无数次地阅读了关于成功交

第2章 为什么要采用新的思维方法

易的格言:"顺势而为"、"截断亏损,让利润奔跑"、"资金管理是关键"等等,虽然这些格言都是真实的,但是太模糊了,没有定义具体的成功的交易规则,没有说明运用这些原则会带来什么样的好处。如果你还记得的话,我说过不愿意接受亏损是人们常犯的错误。如果你有不愿意接受亏损的经历,你可能也有过这样的想法:"我是来赚钱的,怎么可能会接受小亏损呢,我认为亏损就是失败。"

我们要讨论的关键就是当你亏损,害怕资金亏光,感到无能为力的时候该怎么办。你可以改变对亏损的看法,在心理改变亏损的含义,当你能努力地做到这一点的时候,你就能把亏损看成是正常的,那么你的紧张和焦虑就会减缓很多。

少数非常成功的交易者学会了不必战胜市场,不必迫使市场按照他们的意思走。他们在交易生涯中明白了一个道理:建仓是一件事的开始,平仓是一件事的结束,最终他们改变了自己的心理认知。他们通过改变自己的观点从而适应了自己的心理环境。不过我已经指出了,这种改变并不意味着交易者就懂交易方法,但本书会教会你如何采用有步骤的交易方法。

在日常生活中,通过控制外部环境来满足我们的欲望是很简单的事。我的意思是,如果一定要做出某种改变才能满足我们的需求,那么改变外部环境比改变我们的心理认知要简单得多。对于任何问题,不到万不得已的时候,我们都不会改变自己。你有什么理由去改变自己的内心呢?我的三个理由如下:

第一,因为你决定要学会新技术,或学会表达自己的新方法。

第二,因为你现有的某些信念会阻碍你学会新技术。

第三,迟点再说。

我现在举个例子以说明前面两点。我有一个客户,在他还是小孩的时候,和他关系特别好的叔叔去世了。他的叔叔对他特别好,他的亲生父亲都做不到这一点。他的叔叔因为做苦力活,心脏病突发而英年早逝了。因为这个原因，我的客户认为如果自己也在拼命做事，自己肯定会死于突发心脏病。

在运动或劳动之后，人们会出汗，心跳加快是正常的，但是我的这位客户认为这是心脏病突发的预兆，此时他会呼吸急促并停下手头所有的事。很明显，他对死亡的信念是有局限性的。正因为这个原因，他从小到大都不参与任何体育运动。

等他快到40岁的时候，他才确信他不会像自己的叔叔那样因为心脏病突发而英年早逝了。当他活的比他叔叔长时，他就自动地不再担心了（我的这位客户总以为自己会在他叔叔去世的年龄去世）。年龄一过，他再也不认为自己会过劳死了。因为他知道我常年跑步，他就问我如何跑步才能增加自己的耐力。对他来说，跑步是新技术，是新的表达自己的方式。后来他就和我一起跑步。当然了，他发现自己跑不动。他不但跑步的姿势不对，而且每次心跳加快的时候他就停下来了，他在内心还是担心运动也会过劳死。这个信念阻止了他跑步的意识，他在潜意识里想继续跑步，但是相反的信念却在说："兄弟，别跑了，再跑你的心脏就吃不消了。"在这种情况下，他的心理系统控制了他的行为。

不要迫使环境屈服于你的心理，而要学会改变自己心理的第三个原因和交易有关。市场太大了，一个人无法长期战胜市场，一群人也无法长期战胜市场。如果你没有财力控制价格，那么你就要学会如何顺应外部环境。

你要么顺应市场，要么继续痛苦。我提示一下：你越是痛苦，这表明你就越需要改变自己的交易以让自己不再害怕并实现持续一致的成功。

也许你会问："为什么要从心理的角度来看待市场？无论是谁，无论他是怎么想的，市场都会按照自己的思路走，难道不是这样吗？"

我会这样回答："因为成千上万个交易者相互作用，所以市场的最终表现就是按照自己的思路走。因为交易者都是人，不管他们来自哪个国家、宗教信仰如何、观点如何，有一点是共同的——那就是人类的心理结构。"人们在遇到压力时，或需要快速决策时，他们的心理活动是可以被预测的。在市场中，害怕破产的心理和害怕被野兽攻击的心理是相似的。

虽然我们都参与到市场中了，但是每个人对市场的看法不同。对于市场的每一个波动，不同的人会有不同的看法和感受。每个交易者根据自己对环境信息的认知和心理因素决定如何采取行动，然后形成了自己的体验。所以，即使两个交易者都认同当前的价格，但是这个价格对他们造成的体验是不同的。

对于任何价格变化，你的信念都会给出解释，你会根据自己的信念来下定义，什么价格算高价，什么价格算低价。唯一的赚钱办法是：低买高卖或高卖低买。只要价格在波动，就会提供低买高卖或高卖低买的机会，所有的交易者都能利用这些机会。你会根据自己的信念、意图、认知或规则来进行交易。你的认知是你独有的，别人不知道，你可以改变自己的认知。即使你不知道如何控制和改变你的认知，但是你在无意中这么做了。

当你掌握了适当的技术时，你会发现成功交易的心理因素和市场没什么关系，这些心理因素会决定你的成功。

失败的交易者

交易者失败的原因有很多，这些原因是可以细分的。

1. 没有技术

交易者不知道交易环境和其他环境不同。交易看起来很简单，似乎可以在短期内赚很多钱。因此交易者对成功的期望值就太高了。如果期望值过高，有没有适当的技术，那么就会失望、就会感到痛苦、就会心理受伤、就会有恐惧感。恐惧就会让交易者失去了客观，就不能做好交易，也不能了解市场的本质。

当然了，没有适当的技术也能赚钱。然而，如果没有这些技术，交易者迟早会回吐利润，甚至亏损。最终交易者会感到痛苦、心理受伤并产生恐惧感。

人们一般都不知道如何修复心理创伤，也不知道如何消除自己的恐惧感。为了弥补这种缺陷，我们学会了复杂的掩饰恐惧感的方法。因为在社会中人们会互相支持对方的幻想，所以我们找到了虚假的信心。市场就不同了，市场根本不会在乎你是怎么想的，也不会理会你。如果交易者有恐惧感，他会极力掩饰，但是交易结果却能反映他的真实情感。

2. 有限性的信念

大部分人的某些信念会影响他们交易的成功。你能意识到部分这样的信念，大部分这样的信念你根本没意识到。这些信念对你的交易行为影响是很大的，不能忽视。

很多交易者认为只要自己做好了市场分析，就可以回避这些信念的影响。无论你的分析能力多么好，如果你不能摆脱这些信念的影响，这些信念就会继续影响你的心理系统，你就不会成功。很多市场大师能够精准地预测到各种行情，但是他们自己交易时却不能赚钱。他们要么是不知道信念的本质，不知道信念对行为的影响，要么就是不想面对这些信念带来的问题。你必须处理好信念的问题，否则就不会有进步。如果你不愿意处理信念的问题，你就会反复受消极体验的影响，最终你要么想办法解决这些问题，要么在爆仓后放弃。

3. 没有自律

如果你的技术无法应对市场环境，那么你就需要一些规则和限制来指导你的行为。当你还是小孩的时候，你无法独自过马路，你的父母肯定不会让你独自过马路的。当你了解了交通的本质之后，他们就会让你独自过马路了。

除非他们非常相信你，否则他们总是会担心你被车撞了。因为这种担心，他们会限制你的行动自由，即使你有机会过马路，他们也不会允许你过马路。你和市场之间的互动也是同理，不过在市场中是没人阻止你在马路中间被车撞的（比喻手法），你只能自己约束自己。当你被撞了一两次之后，无论对面有什么好机会，你会发现过马路没那么容易。

当你意识到车辆是随机地向你冲来时（继续用比喻的手法），你就没有勇气过马路了。你以为你很小心，当你被撞到时，你躺在马路中间，根本不知道是哪辆车撞了你。

第二部分 从心理角度来看交易环境的本质

第1章和第2章展示了交易的困难之处。在随后的六章里，我会详细地解释市场环境的特点，并说明和心理认知有什么不同。从这个角度你就会搞明白为何市场环境和你习惯的文化环境完全不同，你在心理上会遇到几个非同寻常的挑战。

我的主要目标是让你明白为什么交易这么困难，为什么只有少数人成功，为什么你需要改变文化态度和信念才能在交易环境中成功。

第3章 市场永远是对的

如果所有的交易都突然停止了，那么最后的价格代表了什么？最后的价格（或现价）代表了所有交易者对价值的一致认同。现价直接反应了所有参与交易的交易者的信念，交易者通过自己的交易影响了价格。故，如果有两个交易者，一个想买入，一个想卖出，他们成交了，他们同时形成了市场。

两个交易者想在一个特定的价格进行交易，这就说明市场是对的。无论他们决定价值的标准如何，无论他们有多么理性，无论他们多么不理性，无论他们的信念是否有意义，无论你或任何人的信念系统怎么看，如果两个交易者通过交易表达了他们对未来价值的信念，他们就形成了市场。除非这笔交易没有被成交，否则就要认定市场是对的。

除非你能控制市场并把市场推动到你认为正确的价格，否则你的想法、信念或期望都不重要。要想控制市场，你必须有足够的财力，这样才能消化所有对手的买盘或卖盘，还要有更多的钱把价格维持在你认可的价位。

当你在观察市场行为的时候，每笔交易和这笔交易引起的价格波动都会告诉你市场的持续一致性和潜在的波动方向——如果你能明白其中的含义，你就能看到机会。价格的波动提供了低买高卖和高卖低买的机会，如果你能看出价格相对于未来的高低，你就能捕捉到机会。价格的波动方向取决于推动价格的力量大小。

比如，如果价格创造了新低，你认为价格不会再跌了是没有意义的，除非你有能力把价格拉上去。你应该明白，既然价格创造了新低，那说明很多交易者是看空的，他们应该在最低点做空，否则他们是不会打压价格的。当价格的一路下跌并越来越低时，这表明交易者认为价格高了，他们更愿意卖出，而相对愿意在最低价买入的交易者偏少。

无论你是如何判断价值的，无论你的理由多么充分，无论你的信息多么可靠，无论你多么正确，因为价格只会按照最大推力的方向前进，所以市场不在乎你是怎么想的。

我想说的重点是，无论你的传统思维是如何判断对错的，在市场环境中你的思维是不存在的。在社会中，证书、学历、声望和高智商都能证明你是对的，但在市场中就不能证明你一定是对的。每个交易者都在根据自己对未来的信念进行交易，他们的行动是唯一推动价格的力量。价格的波动创造了赚钱的机会，赚钱就是交易的唯一目的。避险者做对冲交易是为了保护资产的价值，目的也是为了赚钱。

每个交易者都会根据自己的理由来定义机会并进行交易。也许你认为别人错的离谱，但是如果所有的交易者的集体行动把价格推到了对你的仓位不利的方向，那就说明你是错的，别人是对的，亏钱的人就是你。

市场永远不会错，市场永远是对的。因此你作为个人交易者和市场互动时——首先你要寻找机会，然后进行交易，你的交易行为促使了市场的波动——在你现在面对的环境中，错的永远是你，环境永远不会错。作为交易者，你要判断哪个更重要——是自己对了更重要，还是赚钱更重要——有时候鱼与熊掌不可兼得。

第4章　赚钱和亏钱的可能性都是无限的

要想说明市场环境的无限性，最有效的办法就是和赌博做对比。对于任意赌局，你总是知道每局会赢多少，或会输多少。只要决定了赌注的大小，你就能知道你会赢多少，输多少，你甚至能知道你赢钱的概率。

市场环境就不同了。对于任意一笔交易，你不知道价格会走多远。如果你根本不知道市场会走到哪里，那么你也不知道这笔交易会赚多少。

从心理角度来说，你会盲目地以为每笔交易都有可能让你实现财务自由的梦想。因为市场参与者是无穷无尽的，他们有可能沿着对你有利的方向推动价格，梦想触手可及。然而，如果你这么想的话，那么你就会情不自禁地收集信息以证明你的这个信念，与此同时，你会拒绝含有相反观点的关键信息，而最好的机会也许正好方向相反。

如果你的仓位是亏损的，市场可以沿着对你不利的方向越走越远，你会亏很多。当这样的事发生时，你不但没有采取措施减少亏损，你反而以为市场会让你回本。你会一直这么想的，直到最后亏损太大，你意识到可能回本无望了，你才会放弃。你最终平仓了，你从没想过自己会有这么大的亏损。

从心理的角度来说，一旦想到无限的利润，你就会想到幸福、权力和你想要的一切，但这些想法都是极及危险的。赚钱的可能性确实存在，但在实战时，每笔交易的实际结果则是另外一回事了。

有几个心理因素能精准地评估市场可能的波动方向，其中一个因素就是放弃每笔交易都有可能实现你的梦想的想法，这个幻想会妨碍你客观地看待市场波动。否则，如果你总是筛选市场信息以支持你的信念，你迟早会爆仓，就再也不必考虑是否要客观的问题了。

第5章 价格永远在波动

市场永远在波动，从不停止，只会暂停。不管是什么理由，只要有交易者愿意以更高的价格买入，或者以更低的价格卖出，那么价格就永远在波动。即使收盘了，理论上价格还在波动。比如，交易者想在第二天开盘时买卖，第二天的开盘价不一定就等于前一天的收盘价。

建仓、持仓和平仓只是三个简单的决定，但是到底要赚多少，亏多少才是合理的？这个决定过程就会变得特别漫长了。如果你的仓位是赚钱的，你何时才会觉得赚够了？人性贪婪，永不满足。无限的环境一直在波动，那是不是说永远有机会再多赚点？贪心是永远无法满足的，赚的再多，也不会嫌多。如果你的仓位是亏损的，平仓就意味着承认自己是失败的，所以你不会平仓，你反而认为这笔交易是赚钱的，这个仓位迟早会回本的。

"赚多少是合理的，亏多少是合理的？"对于这样的问题，由于你的金钱价值观、你的需求、你对钱的重视程度、你对风险的认知、你的安全感等的不同，所以答案也会不同。因为有其他因素的存在，你昨天可能会认为赚这么多钱就够了，但是到了今天也许你又会觉得不够了——对于类似的问题，都没有具体的答案，答案会随着变化的环境而变化。因为以上所讲的这些因素其实和市场行情并没有任何关系，如果你把个人问题带进了交易，那么你就无法客观地观察市场。这就是为什么成功的交易者总是斩钉截铁地说："只用你亏得起的钱去交易"，这意味着你只能用闲钱做交易，闲钱就是在生活中价值不大的钱。如果你用闲钱去交易，那么"赚多了，还是赚少了"这样的问题并不会影响你对市场波动的看法。

如果你的仓位是赚钱的，市场会诱惑你，让你以为还可以多赚点儿，要坚持持有仓位。如果你的仓位是亏损的，市场会说你会回本的，会赚钱的，你相信了这种诱惑，你就会死守亏损的仓位。不管是哪种情况，这些诱惑都有可能导致你获得非常消极和痛苦的后果。

市场环境没有结构，从心理的角度来看，市场环境没有开始的地方，也没有结束的地方。（也许你认为我讲错了，市场的开盘时间和收盘时间是确定的）我的意思是，对于个人交易者来说，当你进场时，这个游戏就开始了；当你出场时，这个游戏就结束了。而你的进场、出场和市场的开盘时间、收盘时间，它们之间并没有什么关系。

只要你愿意，你在内心想怎么玩都可以。你可以随便找个理由随意进场。只要你想出场，你随时可以出场。当你停止的时候就说明你已经玩够了，这个游戏就结束了。交易者面对这些状况时的心理暗示是惊人的。

开仓时涉及到的信念包括机会、风险、错过机会、确定性、不犯错。平仓时涉及到的信念包括亏损、贪婪、失败和控制。

考虑到市场有无限的赚钱机会，对于交易者来说，进场比出场容易。在出场时，贪婪、亏损和失败等信念要面对无限的赚钱机会的诱惑，比较难下决定。

市场的客观波动和个人心理问题完全没有关系。我在第三部分还会解释：你的意图和亏损、犯错、失败和控制等信念也没有关系。举例说明，你上次找到了赚钱的机会，害怕犯错、害怕亏损等恐惧心理让你踌躇不前，你不敢交易。

只要你的心理环境中存在这些问题，这些问题就会影响你对市

第 5 章 价格永远在波动

场波动的认知，就会影响你的决定和交易行为。

市场环境的特点就是没有开始，没有结束，这是一种有破坏力的因素，会让你成为一个被动的输家。要想说明这个概念，最好的办法就是把市场和赌博做比较。比如，在赌 21 点、赌马或赌骰子的时候，玩家在每场赌局开始前决定好下注金额。赌局会反复进行，每轮的风险则取决于下注金额的大小，每轮的开始时间和结束时间则由赌局的规则决定。

每轮赌局都是全新的开始，根据赌局的规则或机械概率不同，一轮又一轮的赌局会把一些玩家淘汰出去。每一轮赌局结束时，玩家就能知道自己是赢了，还是输了，然后再决定是否要参与下一轮赌局。因此，赌局的结构决定了玩家是主动的输家。玩家可以自己决定每轮的下注金额。玩家可以主动决定下注金额，也可以在输钱时决定不赌。很明显，如果玩家不赌了，他是没有可能输钱的。

如果玩家连续多次输钱，他就会有输钱和失败的信念，他可以决定不赌了。玩家会根据概率分布，倾向于认为自己下一轮会赢钱，所以说玩家很难做到随时放弃赌博。但是，因为赌博是相对自动的过程，只要玩家想退出，并不需要做艰难的心理决定就可以退出。

市场环境则不同，你在市场环境中是被动的输家。一旦你建仓后出现了亏损，你必须做到积极主动才能止损。如果你不主动，什么事都不做，你的亏损有可能会越来越大。如果你由于某种原因而不愿意主动止损，你可能会爆仓，甚至更惨。根据你的仓位大小和市场波动性的大小，你可能很快就爆仓了。唯一的解决办法就是正确地面对贪婪、亏损和失败等心理带来的个人问题。根据你的仓位是否赚钱，贪婪、亏损和失败等心理就会起不同的作用。

我们每个人都会本能地回避痛苦，比如我们会提前平掉赚钱的仓位，或承认我们错了，然后止损。最简单的回避痛苦的方法就是说服自己这笔交易肯定会赚钱的（沉迷于幻想）或尽量找证据证明这笔交易会赚钱。不管是哪种情况，我们都无法客观地了解市场可能的走势。

市场让你认为这些心理问题是很好处理的。比如，如果你很关注日内的波动，市场会展现出很多种波动特点和价格模式。如果你对价格有任何想法，这些模式都足以支持你的信念。不过你的信念有可能是曲解或幻想。

大部分交易者喜欢把价格波动简化为三个动作：上涨、下跌或基本不动，这个逻辑有点扭曲了。有些交易者甚至认为任何一笔交易的胜率都是50%，这有一定的道理。举例说明，假如说价格在横盘震荡，震荡区间上下10个基点，在这个区间内，价格从顶部到底部，然后再到顶部的过程中一共会有多少个价格模式？我不是统计学家，但我可以保证至少有几百万个。为了更深入地说明这一点，假如说点A在震荡区间的底部，价格的变化可以是，上涨1个基点、下跌2个基点，上涨1个基点、下跌3个基点，上涨2个基点、下跌1个基点，上涨1个基点、下跌2个基点，上涨3个基点、下跌1个基点，上涨2个基点、下跌1个基点，上涨1个基点、下跌1个基点，上涨2个基点、下跌1个基点，上涨3个基点、下跌1个基点，上涨1个基点、下跌1个基点，上涨2个基点、下跌1个基点，上涨3个基点，到了点B，点B比点A高10个基点。这是一个很简短的上涨过程，有几百万种上涨模式，这只是其中一种模式，任何一种模式在未来都是有可能重复出现的。

如果你在A点买入了，价格在A点之上的概率有多大？在随后2~3天，价格不会先下跌几个基点再涨上去，而是直接涨到A点之上的概率有多大？一旦价格跌到了A点之下，价格再也不上涨的概率有多大？价格永不下跌的概率有多大？要想回答这些问题，你必须知道市场的连续性，还要知道市场可能的走势。无论如何，大部

第5章 价格永远在波动

分交易者认为每笔交易的成功率是50%，但市场却不是这样。

我再解释另外一个观点，假如你在点A和点B中间的某个价位做空了，你认为价格最有可能往哪个方向走？自然是下跌了。下跌能证明你的想法，上涨不能证明你的想法。然而上涨和下跌都能告诉你市场可能的波动方向。如果你是做空的，你就特别会相信空头消息，那你如何能精准地评估市场的方向呢？实际上，为了满足你的希望、梦想和愿望，你会去寻找空头消息以获得支持，在这种情况下，你并没有评估市场可能的实际走势。

市场坏境提供的综合因素都是致命的，交易者要自己想办法生存下来。因为市场提供的信息有很多种形态，这些形态可以满足交易者的任何幻想、曲解或期望。如果交易者眼里只有自己的幻想、曲解或期望，那么交易者确实不会感到有什么痛苦。因此，这种情况会周而复始，直到你主动停止幻想。除非你的经纪公司帮你平仓了，否则你是唯一一个可以控制自己仓位的人。

成为持续一致的成功的交易者的因素有很多，其中一个因素就是要让市场告诉你它会怎么做，要让市场告诉你它会走到哪里，哪里是尽头。考虑到你个人关于亏损、犯错、贪婪（永不知足）和报复的信念系统与市场走势之间没有任何关系，想实现持续一致的成功就极及困难了。

我估计很多交易者会这样说："我懂亏损、犯错和贪婪的意思，但是报复从何而来？"赌博能说明这个道理。赌博时，你输的钱就是你下注的钱；你下注后如果输钱了，你得自己负责。作为交易者，如果你没有能力看到各种可能会发生的事，或没有能力及时平仓，那么你的亏损将会比你当初预计的要多。

对于单笔交易的亏损，也许你愿意承担（大部分交易者不愿意承担，我迟点儿再解释），但是，如果亏损比你预期的大，可能你就不愿意承担了。此时，你可能会报复市场。如果你不愿意接受亏损，那么你要责怪谁呢——当然是责怪市场了，市场拿走了你的钱。如果市场拿走的比你预想的多，那么你就想把你的钱拿回来。

举例说明，如果你在上笔交易中亏损了20个基点，当前这笔交易赚了10个基点，你认为够了吗？也许市场会告诉客观的交易者，现在的行情已经走到头了，最好的办法就是兑现利润。如果你上笔交易本想冒5个基点的风险，实际亏了20个基点；现在这笔交易市场给了你10个基点的利润，你应该接受。如果你一心想把上一次亏的钱赚回来，那么无论市场怎么做，怎么说，你都会觉得10个基点的利润是不够的。你至少需要15~20个基点才能把钱赚回来。

在任意时刻，你的上一笔交易和市场的走势可能并没有任何关系。当你认为自己必须把钱赚回来的时候，你和市场的关系就是敌对的关系了。市场成为了你的对手，你没有选择与市场和谐相处，你选择了针锋相对。只要你不同意，市场无法拿走你的钱；如果你亏钱了，或亏的钱比预想的多，那说明你把钱送给别人了。然而，报复市场就是在和自己做对。如果是你把钱亏给了市场，那么你就要从市场中把钱赚回来。如果你因为最后一笔交易失控了而对自己不满，那么你对市场"现在"提供的任何机会都会认为不够好。因为你并不认为上一笔交易是正常的，所以从心理学的角度来说，你是不会抓住赚钱的机会的。事实上，为了惩罚自己，你错过了这次机会或下次机会。在本质上你是无法报复市场的，你报复的人是你自己。

让市场告诉你下一步怎么走和放弃关于亏损、犯错和报复市场的消极思想之间有直接的联系。如果没有意识到这一点，大部分交易者就会从消极的观点来看待市场。当他们反复试错之后，或从书本中明白这个道理时才会放弃消极的想法。不管是哪种情况，当他们明白过来并想放弃消极思维时,他们的心理创伤已经很严重了,想成功就更难了。

这就是为何本书要深入探讨个人转变的主要原因:你必须知道自己是否有创伤,你必须知道如何确认自己的创伤,更重要的是你还要知道如何疗伤并不再受伤。

第6章 市场是没有结构的环境

社会活动都有明确的开始点和结束点，其间还有严格的规则限制人们的行为，市场环境则不同，市场更像是流动的河流，没有源头，没有尽头，也没有结构。一旦你跳入了河中，河流随时会改变方向。当你跳入的时候，也许它是向北流动的，在没有任何通知的前提下，它可以向南流动。市场没有任何结构，一切规则靠你自己制定，自由发挥的空间很大，你得控制好自己。

你要自己决定何时跳入河中，力度多大。如果你已经在河中了，你要自己决定何时增加力度或减小力度。你可以随时决定跳出市场，再按照你的方向顺势而为，你也可以观望，让市场自己流动。

在没有结构的无限环境中，自己制定规则来约束自己是很重要的。你要自己定义方向，否则各种可能性就太多了，你会感到不知所措。如果没有自己的规则，最大的可能性就是严重亏损。如果你自己制定了规则并决定按照自己的规则交易，你还要对你的交易和结果负全责，这是一个很大的心理问题。你越是愿意自己承担责任，你就越不会怪罪市场，就越不会成为市场的猎物。

因为典型的交易者不想为交易的结果承担责任，所以他会尽量避免自己制定规则。如果他知道在什么状况下做什么，这样他就有办法评估自己的业绩，如此一来自己就要负全责。大部分交易者并不希望这么做，他们宁愿保持和市场之间的神秘关系。

因为有效交易的唯一办法就是自己通过创造结构以制定规则，

但这么做要自己负责任，所以交易者会产生矛盾的心理。普通交易者一心想赚钱，但是他希望他的行为和交易结果之间并没有直接的关系，因此，一旦结果不尽人意，交易者就可以推卸自己的责任了。

　　要想制定计划，你就要有一定的预测能力。当你提前制定计划时，你就把自己对未来的预测和创造能力至于风险之中了，也就是说你要对自己负责。你的计划也许有用，也许没用；也许你有执行力，也许你没有执行力。不管是哪种情况，计划是你的，有没有执行力也是你的事，因此，结果不尽人意时，你不能推卸责任。

　　交易者不了解市场行为，不知道在特定的市场状况下如何操作——同时，他又不想慢慢学习，且迫不及待地想交易——即使他不知道该如何交易，因为市场在诱惑他，因为他太性急了，所以他会想办法早点动手。在这种情况下，你认为一般的交易者会怎么办？他发现很多人都在跟着高手做，他们如此崇拜高手，那么他们一定懂的比自己多，所以要跟着高手做。如果他和别人一样，甚至找到了最成功的交易者并跟着做，那么他就可以赚钱了。

　　这种心理就是羊群心理（在交易所场内更普遍）：每个人都在寻找方向，并以为别人比自己懂得多，否则别人不会这么做的。在人群中这种羊群心理是很容易扩散的，一个关键的交易者就可以激发连锁反应，每个人都以为别人这么做肯定是有原因的。

　　实际上，我并不想说场内交易者是如何跟随高手操作的。因为大部分交易者根本不知道高手是谁，也不知道高手在干什么，所以我更愿意把这种现象叫做"盲目跟随"。因此，群体行为就像是无尽的波浪前推后涌，和高手（知道何时交易，如何交易的人）最亲近的交易者有机会以最好的价格建仓，比较亲近的交易者的建仓点就差了一点，以此类推，你的建仓点最差，基本上没赚钱的机会。当市场中没有这种跟随现象时，市场就在比较小的区间内震荡，当

第6章 市场是没有结构的环境

有人知道该进场时,盲目跟随现象又出现了。

如果在盘中或收盘前价格出现了明显的行情,所有的跟随者就会凑在一起分析原因,他们一定能够找到合理的解释,他们会找到一致的理由来解释当天的市场行为。然而,高手(为自己的交易完全负责的交易者)认为没有必要和任何人沟通交流,他们是不会和别人沟通交流的。因为普通跟随者想确认自己是理性的,他们也不想随机地交易,所以普通跟随者认为必须找到理由。

对于大众跟随者来说,用这种方法交易有很多好处。这样他们和市场之间的关系一直是神秘的。如果他们赚钱了,那说明他们是对的。如果他们亏钱了,他们可以责怪市场,大部分交易者都认同这个做法。跟随者们(会在事后)找到自己的交易理由的。如此一来,跟随者会认为自己是理性的,自己是负责任的;如果自己亏损了,很多交易者也同样亏损了,自己不是一个人在战斗,他认为和自己的竞争对手之间是伙伴的关系。

交易界之外的大部分人都认为交易者是各自独立交易的,以为他们像企业家一样有决策能力且不屈不挠。交易界之外的大部分人根本没想到市场中只有少数人是成功的交易者,剩下来的大部分人根本不知道自己该如何交易,也不知道自己为什么要这样操作。如果你问他们具体的赚钱方法,他们是不会告诉你的。另外,作为群体,交易者们(高手例外)一般都是犹豫不决,没有耐心的。在正常情况下,普通交易者的思维总是充满了危险,这就不难理解了。交易者要想依靠自己,就要克服心理问题,制定规则。不过这又要迫使交易者面对另外一个心理问题,那就是自己承担责任。

大部分交易者不但拒绝自己制定计划,他们也不重视自己的操作和结果之间的关系。我知道很多交易者的分析水平是一流的,他们担心如果按照自己的分析操作,万一亏损了就要自己承担责任,所以他们宁愿征求其他交易者的意见并按照其他交易者的思路进行交易。结果显示，如果他们按照自己的思路走，结果会更好。

很多场内交易者一天内交易几百份合约，虽然他们每天在卡片上做了交易记录，但是他们不会记录精准的净仓位，他们的理由是自己太忙了，或者是怕算错了。收盘后，他们在焦虑中计算卡片，祈祷没有发生意外（没有持有净多头仓位或净空头仓位）。

很明显，这是因为他们不重视做交易记录。如果他们重视的话，他们可以减少交易的合约数量，这样就能记清楚；如果记不清楚，他们可以停止交易。因为要做交易记录的话，他们就要对自己的交易结果负责，所以他们不希望这样。如果他们当天收盘时持有多头仓位，第二天开盘时高开了几个基点，会如何？他们是幸运的，看不见的市场力量保佑了他们。如果市场在第二天开盘时是低开的，他们一定会想办法推卸责任的。也许是因为他们把自己的幸运领带在错误的时间送去干洗了，也许是因为他们在去交易所的路上连闯了三个红灯，推卸责任的方法太多了，从搞错了概念到迷信思想都是为自己找理由，总之，当结果不尽人意时就开始推卸责任。

在无尽的环境中，你越是没有规则，你越不对自己负责，意外事件就越能轻易地把你扫出市场，你就无法控制自己的生活。然而，规则越少，你就越容易推卸责任，你可以把责任推卸到其他无法确定的事上面。这就是很多交易者非常迷信的原因。如果一个人认为他的思路、想法、技术和结果之间没有任何关系的话，他就很容易把自己的成功或失败和当天的领带联系起来；或者是他做了某个动作，当他亏损时，他就认为他做的这个动作导致了亏损。

我个人的经历能够说明交易者是如何相信迷信的。有一天上午我到芝加哥商业交易所的男洗手间去，我走向唯一一个没人用的小便池，旁边的交易者转头看着我，用很严肃的语气说："别用那个，你可以等我，我很快就好了。"我一脸茫然地看着他，然后他就指着小便池下面的一分钱。我还是一脸茫然地看着他，我实在不懂他到底什么意思。当我准备用那个有一分钱的小便池时，他脸色大变，快速走开了。

当天我把这件事告诉了一个场内交易者客户，问他这是怎么回事。他明确地说，小便池里有一分钱是不好的预兆，应该尽量回避，这是常识。后来我就想，如果我在交易所里面的每个小便池里都放一分钱，那会如何。

这个故事说明了普通交易者落入了一个心理陷阱，他不愿意自己制定规则，这样就可以不为自己的结果负责任。当他这么做的时候，他就受制于大众的一时兴起，再加上自己的冲动，他就会时赚时亏，他不知道为什么会这样，也不知道该如何操作。这个陷阱会导致他的心理认为赚钱是随机的，亏钱也是随机的，所以说这个陷阱是非常消极的。如果他不能规范他的行为，他就不知道如何重复赚钱并限制亏损。

当你赚钱时，心情是愉悦的，你迫不及待地想继续交易。当你跟随大众（不是预测指大众行为），或根据新闻、消息或技术系统的单一信号交易时，你想继续赚钱的想法必然伴随着恐惧和焦虑心理。

为什么会这样？因为你无法定义市场状况，你无法像上次赚钱一样做出正确的决定，所以你对下一笔交易是没有把握的。

如果你不知道上一笔交易是如何赚钱的，那么很明显你不知道这笔交易如何防止亏损。最终结果就是你会感到焦虑、沮丧、困惑和恐惧。当市场让你亏损时，你会感到无能为力，你不知道市场会如何波动。

如果交易者在任何市场状况下都是依靠自己的，都会全力以赴，那么市场无法影响到这样的交易者。要想做到这点，交易者首先要有能力定义并识别各种市场状况。

承担责任是很困难的事，这点我表示理解。我们所在的社会不重视个人成长，我们都不能容忍"犯错"。我们从小就被告知犯错会让一个人变得渺小，我们也是这样教育自己的小孩的，如果小孩犯错了，我们就会嘲笑他们，所以我才这么说。嘲笑是不会让一个小孩承担责任的，如果小孩不愿意承担责任，父母就会责怪他们没有责任心。

接受自我才会承担责任。当你犯错时，你可以评估一下你对自己的评价是积极的，还是消极的，程度如何，这样就能知道你的自我接受程度。评价越消极，你就越不想承担责任，你就想回避痛苦，你就会害怕犯错。然而，你越是接受自己，你就越积极，你就越有能力总结经验，你不会有恐惧感。你越是接受自己，你就越不会回避某些信息，你就更容易学习并成长。

当大人们发觉小孩子的缺点时，我不知道是否有办法教孩子们接受自己。如果人们都能接受自己的行为结果，那么他们就不会回避承担责任了。

要想成功，市场会迫使你用新的方式承担责任。比如，你不能建仓后就不管了，让市场帮你赚钱。市场是流动的，一直在变化的，当你建仓时，你认为市场会向某个方向波动，但是在任意时刻都会有其他交易者进场，其他交易者可能会全力逆转市场的方向，让你的希望落空。

在我们的日常生活中，大部分事物都是很稳定的，事物的变化没有市场环境这么快，这么频繁。相对于市场环境的本质而言，我们都理所当然地以为建筑、树木、交通灯和街道是完全静止的，几乎没有变化。你在早上出门了，当你回来的时候街道不可能就发生了变化。如果说去办公室或去上班地点代表了赚钱的机会，那么你每天行走的路线是差不多的。

然而，如果办公地点像市场一样总是在变化，会如何？如果街

第 6 章 市场是没有结构的环境

道也总是在变化，会如何？如果没人关心你是如何来上班的，一切都靠你自己，会如何？

这就说明了在市场中你要自己负责，才能有效地交易。如果你总是受某些外在的和内在的事物影响，而你又不了解这些事物，你如何能学会交易？因为你的行为是神秘的，所以市场行为看起来也是神秘的。因为你不知道下一步该怎么办，所以你会一直处于困惑、焦虑和恐惧的状态——这种心理状态容易导致你迷信。

因为你是推动股价的中坚力量，了解自己就是了解市场。如果你不了解自己的内部力量，你又如何去了解大众的力量呢？你又如何从大众身上赚钱呢？当你明白了内部力量会影响你的行为，当你自己承担了责任时，你就会明白其他交易者的行为方式了。

当你能控制自己的时候，你就能看见其他交易者不能控制自己的时候就像"韭菜"一样被割了。当你脱离了大众心理的时候，当你不再是韭菜的时候，你就不会被割了。此时你能更加了解大众心理，预测到大众的下一步行为，这样你就可以尽量利用你的优势了，这样你就能了解大众了。当然，你更了解你自己。在成功的道路上，自己制定规则，自己负责，这只是第一步。你明白必须要制定规则，你也制定了规则，然后你又会失望地发现遵守规则太难了。我在第三部分会检查哪些心理力量会让你无法遵守规则。

第7章 在市场环境中理由并不重要

我把本章的标题定为"在市场环境中，理由并不重要"是为了指出某些交易者，他们认为只要找到了理由，就能预测市场的下一步行为。了解了这些交易者的想法，我们就能预测他们的下一步行为。

交易者们找到的行动理由其实和市场行为无关。因为大部分交易者没有交易计划，所以他们的操作和结果并没有什么关系，他们不知道自己操作的理由是什么。大部分交易者都是冲动交易，然后事后找理由。大部分事后找到的理由要么是用来解释自己的交易的，要么是用来解释自己为何没交易。

人们做交易是为了赚钱。要想赚钱，交易者就要持有仓位并持有一段时间，然后才能平仓。当交易者建仓和平仓时，他们的行为影响了价格，导致价格波动。当交易者在观望的时候，他们在等机会建仓，他们随时会影响价格。如果交易者提前做了计划，而且这些交易者公开了他们的计划，那么其他交易者通过这些计划就能知道价格的波动方向。当然了，前提是他们讲的是真话。只有少数交易者能够持续一致地赚钱，他们一般是不会公开自己的交易理由的。

实际上，对自己有信心的交易者，他们知道自己的行为会影响价格波动，为了减少自己执行交易计划带来的影响，他们不愿意让其他交易者知道他们的计划。我并没有说他们在建仓后刻意公开自己的交易，让其他交易者也建仓，从而导致价格向对他有利的方向波动。另一方面，没有信心的交易者更喜欢和别人分享他们的思想，以希望得到别人的认可。所以说这些事后的理由只是为了缓解自己出错时的痛苦，根本不是有用的信息。

交易者一般都有羊群心理，像一群鱼或一群牛一样，明白这个道理很有用。交易者会加入某个群体，这个群体会把某个特定的市场状况看作是机会。如此一来，他们的一致行动就会打破市场的平衡，导致价格向某个方向明显波动。各种群体会在他们认为会赚钱的时候建仓；会在他们亏损时或有更好的其他机会时平仓。举例说明，场内的交易者最没有耐心，最容易冲动，也最容易失望，所以他们的价格目标很小，采用的时间框架也很小。结果是，他们最活跃，几乎总是在同时做同样的交易。

商业交易者和场外交易者是两个不同的群体，他们的价格目标不同，时间框架也各不相同。这两个群体内的交易者会采取一致的行动，根据他们进出场的意愿程度，他们会打破市场的平衡。你可以判断出他们喜欢什么样的市场状况，你可以判断出他们的信念，你还可以判断出什么样的市场状况会让他们感到失望。一旦你了解了他们的特点，你就能估计出他们的行为并预测价格波动的方向。

我们为什么要交易

在任意时刻，我们都在和环境互动，都在用自己的方式表达自己，都在用自己的方式生活着。我们在任意时刻的行为是我们表达自己的某种方式，我们表达自己就是为了实现自己的需求、愿望、欲望和目标。如今大部分人的需求不仅仅是食物和住所了，满足这些需求是需要金钱的。

人们可以通过交换商品和服务的方式来获得金钱，创造商品和服务的人则通过高度社会分工来表达自己。因为金钱代表了我们表达自己的方式，所以我们需要金钱。所有的行为都是表达自己的方式，一个人想要表达自己就必须拥有金钱。所以从文化的最基本层次来说，金钱代表了自由，也就是自由地表达自己。

每个人表现自己的方式都是特殊的，因而导致人和人之间形成了相互依赖的复杂系统。要想交换商品和服务，人们必须认同商品和服务的价值，这样才能实现交换。这里的"价值"指相对的重要性或满足需求的东西。商品和服务的实际价值则受经济供需原理决定。在心理学中，供需原理是在贪婪和恐惧的基础上形成的。根据人们的需求和对外部环境的评估，贪婪和恐惧的心理会促使人们做出某些行为。根据人们的需求程度不同，根据自己实现需求的能力不同，商品和服务的价格不同。也就是说他们根据自己对商品和服务的需求程度不同来判断价值。

贪婪来自缺乏和不安全的信念，这两种信念都能让人产生恐惧感。我把"贪婪"定义为永不满足的信念，总是需要更多的东西才能感到安全和满足。不管这种认知是外部的，还是内部的，人们根据自己的资源来判断，如果资源少，人们就会产生恐惧感，就会迫使自己去争夺资源。控制资源的人占主动。为了弥补不足，人们就会去想办法得到资源。如果两个人或更多的人拥有同样的恐惧心理，为了争夺资源，他们就要互相竞争。

如果某个东西的供应是有限的，那么有需求的一方就要参与竞争以争夺资源。在竞争中他们愿意支付比其他人更多的资源（更多的钱）来满足自己。如果供应比需求多，那么就不担心会出现短缺的现象，人们就会守住自己的资源（钱）以满足其他方面的需求，或是等待价格下跌。

在任意时刻，只要人们感到不安全，或感到物质短缺，商品和服务的价格就会波动。对于需要商品和服务的人来说，价格的波动就是风险。什么是风险？风险就是在交换过程中或满足需求的过程中失去个人资源（精力和金钱等等）的可能性。有些人则把价格的波动当作是机会。只要人们对商品和服务的价值有分歧，价格就会波动，从而给交易者带来了赚钱的机会，于此同时，交易者要接受风险。

给交易下定义

我把交易定义为双方为了满足某些需求或目标而交换有价值的东西。在股票和期货市场，市场参与者的目标就是为了累积财富或保值。所有的交易者，无论他们是投机者还是避险者，他们交易的目的就是累积财富，只是他们的头衔不同而已。避险者的动机是保值，但实际上还是为了累积财富。

避险者把风险转嫁给了愿意接受风险的交易者，实现了保值；愿意接受风险的交易者想通过价格变化创造的机会累积财富。比如，股票持有者认为股票不会增值了，或持有的风险太大了，他们就会卖出股票。如果他们有其他方面的需求，即使他们认为股票还要增值，他们也会卖出股票的。买家（接盘的人）则相信股票会增值。因为人们交易的目的就是为了累积财富，所以说买家认为股票会增值。

因为交易者的目的是累积财富，所以我们认为人们在建仓时不会相信自己会亏钱的。因为所有交易者的目标都是一样的（赢利），所以我们可以这么说，只有两个交易者对未来价格持有相反的信念时他们才会交易。请记住，对于任意时刻的价格，都有人想以这个价格买入，也有人想以这个价格卖出。所以，虽然一笔交易需要买卖双方以相同的价格成交，但买卖双方对未来价值有不同的看法。如果说所有的股票持有者都认为股票会增值，那么他们就不会卖出股票。这个说法对吗？当持有者卖出股票时，那是因为他认为股票增值的可能性不大。买家为什么要买入呢？是为了亏钱吗？是为了犯错？当然不是。买家对股票未来价值的信念正好和卖家相反。期货交易更能说明这种思想差异。

学院派人上告诉我们市场是有效的，也就是说交易者的行为都是理性的，他们做事都是有充分理由的。学院派人士还相信市场基本上是随机的，这和有效市场理论似乎完全是矛盾的。如果你把理性定义为按照提前制定的特定的方法或计划做事，而不是随机的，考虑到非理性的行为比较好预测，那么实际上市场的行为是非理性的。如果你想学会预测价格的波动，你不必关注理由，你要确定的是，大部分交易者是如何看待外部环境和害怕短缺或害怕错过机会的心理即可。

第 8 章 成为成功交易者的三个步骤

在谈论成为成功交易者的三个步骤之前，最好还是先复习一下我们在前面讨论的内容。在市场环境中你必须制定规则，但市场会千方百计地诱惑你，让你产生幻想和曲解，让你以为这次不遵守规则没事，所以你还要有纪律性，这样才能遵守规则。如果你有可能实现你的期望，有可信的信息支持你的期望，你肯定不会选择痛苦的方式，所以你会选择相信幻想和曲解。

在无限的环境中，如果你不能面对亏损的现实，那么你有可能会爆仓。如果你认为交易就像是赌博，其实并非如此。在赌博时，如果你下注了，你有可能会输钱；如果你不下注，你肯定不会输钱。在市场环境中，你必须主动交易，还要主动止损。如果你不主动止损，你就有可能会爆仓。

当你赌博时，你知道每轮的风险是多少，每轮赌局都有结束的时候。在市场中，即使你有纪律，设置了止损单，因为市场可以在开盘时跳过你的止损点，所以你很难知道你的具体风险大小。再说市场一直在波动，如果你亏损了，回本的可能性也是有的，你不必做什么，你只要坐在那里等着，市场也有可能让你回本。结果是，在有可能回本的诱惑下，你不想止损，不止损是难以抗拒的诱惑。既然忽视风险就可以回本，那何必要采用其他的痛苦方式。

你创造了自己的市场体验

现价给每个交易者都提供了低买高卖的机会，除了执行交易要花的时间，对我们来说，市场基本上都是一样的。对于现价，你可以看作是建仓机会，或者是刚刚错过的机会，或者你克制自己不在现价交易——虽然你认为是个机会——但是你害怕自己会出错。市场并没有让你产生这些认知，市场只是反应你的内心世界。

你把当前市场当作是机会，但并没有采取行动；或者你在事后才明白是机会，这些都反应了你的心理状况。你给每个波动都赋予了一定的意义。

客观地说，上涨了一个基点可以描述为从之前的价格开始上涨了一个基点。这一个基点的价格变化是现实，我们都目睹了。然而，对于某个交易者来说，这一个基点的上涨让他平掉了空头仓位；对于另一个交易者来说，因为市场无法继续上涨了，正好是完美的卖出机会；对于第三个交易者来说，因为价格突破了他定义的阻力区，所以这是一个买入的机会。

你对任何价格变化或市场状况的看法并不是市场刻意制造的。比如，你可能发现了一个做空的机会，你建立了空头仓位。当你进场时，市场是对你有利的，但随后市场反转了，市场快速上涨，超过了你的进场点，中间很少休息，回调幅度不大。

市场每次回调时，你可以选择平掉空头仓位并反手做多。为什么你没有这么做？答案在于你的内心。如果每次市场回调时你都松了一口气并认为到头了，那我问你，什么叫到头了？你不能承认自己错了吗？这还是取决于你的内心。你本可以反转仓位，这样就可以消除风险并赚到利润，但你没有这么做，你看到市场回调，你就放心了（根据你的心理环境状况）。

第8章 成为成功交易者的三个步骤

你对市场的看法来自你的内心。市场有很多种可能的走势，你选择了你相信的走势。你的心理框架（控制你认知信息的方式）让你锚定在亏损的交易上面。你对亏损的理解取决于你的心理结构（你的信念）。你的信念会按照你自己的标准寻找你想关注的信息。虽然信息来自于市场，但市场和你的心理过程并没有任何关系。

交易时你的决策结果很快就出来了，除了改变自己的思想，你不能改变任何东西。你的思想越灵活，你就越有能力得到满意的交易结果。你必须学会如何顺势而为，任何时候的交易，你都必须面对要么顺势，要么逆势的局面。你越是不认可各种类型的市场行为，市场就越要来回教训你。有时候它满足了你的所有需求，有时候它像贪婪的魔鬼一样拿走了你的一切。市场的特点就是反复无常，这要求你要足够灵活。你不够灵活的原因是——你没有意识到，你总是在发挥你的强项，也就是说，你放弃了你的弱项。

你无法改变市场正在做的事。你只能改变自己，让自己更加清晰，更加客观地看出市场可能的走势。作为交易者，你想知道下一步会发生什么？如果你心胸不够开阔，不能接受各种可能性，那么你怎么能知道下一步会发生什么呢？一方面你想知道下一步如何走，另一方面你的心理又不接受各种可能性，这是矛盾的心理。

不知道信念的本质，不知道信念是如何限制一个人对环境信息的认知，就会导致内心矛盾。当你建仓交易时，你必须对未来有一些信念。你要学会放弃一定要市场按照你的思路走的想法，只有这样，你才能像空仓时一样看出市场中的任何机会。

因为我们无法同时看见所有的可能性，所以我们会选择特定的环境信息。如果你选中的市场信息是为了满足你的信念，那么你就处于劣势了，你就排除了指明市场持续性和方向的更可靠的信息。从更大的视角和更大的时间框架来思考问题是很难的。

即使你无法控制市场的波动，但你可以学会控制自己的认知，让自己尽量客观。当你学会了客观地看待事物以后，让市场告诉你何时进场，何时出场的能力就增强了。你可以学会在任意时刻不需要信息支持信念的前提下，看到最有可能性的走势并做好交易。当你彻底地了解了你的心理环境（第 9 章到第 14 章会讨论）后，你就能学会客观地看待市场，最终可以凭直觉交易。

我在本书后面会一步一步地教你如何更有效地在交易环境中交易。这个过程在本质上是让你确认并调整你的信念，让你的信念和你的目标更加一致。

要想掌握这个方法，必须实现两个前提。第一个前提我们已经谈过了，你根据自己的信念、认知、意向和规则创造了你的市场体验。第二个前提是，你的交易结果取决于三个方面的能力：你认知机会的能力、你执行交易的能力和你累积财富的能力。

认知机会

你对市场行为的深刻认知就是认知机会。你对市场的深刻认知等于你发现的特征数量和特征质量。认知机会等于期望市场下一步怎么走。要想有效地认知机会，你要学会客观地找到高概率的机会特征，我把这叫做找到不确定的概率。

要想从更宽广的角度来确定市场特征，你要学会放大观察市场波动的时间框架。这个过程有几个重要的步骤，但最重要的两个步骤是制定有纪律的交易方法和学会释放存储在记忆中的过去交易体验形成的消极情绪能量。

有纪律的方法能帮助你实现自信，这样就不会像在社会中一个人行为有很多约束，你就能有效地交易。如果没有纪律性，你就会冲动行事，通常你会失控的。没有自律就没有自信，你就会担心自己的行为会出现意外。与此同时，你在市场中会有恐惧感，你的行为是不稳定的，无法预测的，你就会非常担心自己的行为。

你认为自己对市场行为的了解胜过对自己行为的了解，这个想法是荒唐的。要想知道自己行为的本质，你必须彻底了解恐惧心理会如何影响你对环境信息的认知。

从本质上讲，你可以明显地看出哪些可能性对你有利，哪些可能性对你不利，但恐惧会限制你对市场信息的认知。如果你总是担心市场会陷害你，你没有认真观察市场的结构和持续性，你就不会对市场行为有深刻的认识。如果你相信你能在任何市场状况下灵活应变，市场就不能左右你。要想成为成功的交易者，要想产生自信，学会灵活应变是关键。

从大的角度来说，恐惧心理让你无法正确地判断市场行为特征。如果你明白了恐惧心理是如何影响你交易的，你就会明白恐惧心理是如何控制大众的，这样你就能预测大众面对特定信息会做出什么样的反应。

如果你刚开始交易时心态不正确，没有纪律，方法不当，那么你可能会遭受一定程度的心理创伤。我把心理创伤定义为容易产生恐惧感的心理状态。体验（认为环境具有威胁性）中存储的消极能量和记忆中的消极能量都能产生一样的恐惧感。

当你学会了摆脱痛苦之后，你的恐惧心理就减弱了，你就会自动地看清市场的本质。因为恐惧心理不会再让你分心了，所以你就开放了心态。你不再刻意回避痛苦，你会用心聆听市场在说什么。摆脱恐惧心理还能让你用创造性的方法来应对新的市场行为，最终结果是，你有信心应对任何市场状况。

执行交易

你的恐惧心理会决定你的执行力。如果你的信念认为环境具有威胁性，那么这个信念会导致你产生恐惧心理。市场的威胁性在哪里？如果你有信心在任何市场状况下适当地灵活应对，那么市场就没有威胁性。在本质上，你害怕的不是市场，你害怕的是你没有能力在正确的时机毫不犹豫地做正确的事。

在你和市场的关系之中，你要学会在什么情况下感到害怕。你要害怕的是导致你痛苦的行为。你不知道下一步怎么办，导致产生了意外的结果，这个结果给你带来了痛苦。在市场环境中，你是自由的，只要你愿意，你想干什么就干什么，哪怕是你无意中做的事，市场都不会影响你。

恐惧心理对一个人的影响是明显的，恐惧心理会让一个人手足无措。因为你还没有从痛苦的体验中恢复过来，因为你还不确信自己能在任何市场状况下灵活应对，所以，即使你看见了最完美的机会，你也无法适当地执行交易。如果你能执行交易，那就说明你不再害怕，不再手足无措了。

累积利润

你自我评估的程度决定了你在一段时期内通过单笔交易或数笔交易累积利润的能力。这里所说的自我评估是最重要的心理因素，关系到成功，和其他因素相比，自我评估的程度决定了你的收益如何。

你的自我评估的程度决定了你在任意时刻或任意时间框架内最多能赚到多少钱（市场不会给你钱，你根据自己看到的机会来赚钱）。不管你对市场行为的认知有多深，不管你是怎么想的，你赚到钱的总数和你的自我评估的程度是一致的。

我可以举个例子来说明这个概念。根据你对市场状况的定义，你看见了一个机会，但是你没有去交易，为什么？我认为只有两个原因，要么是因为害怕失败而不敢行动，要么是内心还在挣扎，你的信念（价值）系统说你不配赚这个钱。否则的话，你应该根据自己的认知去交易。

自我接受

自我接受的程度会决定一个人转变、成长和学习新技术的能力。学习新技术或新的表达自己的方式其实就是在创造新自我。你把你的目标投射到了未来，你希望自己成长并实现这个目标。

市场会时刻让你面对自己的内心。你的内心状态可能是自信的、害怕的、看到了机会的、看到了亏损的、压抑的、极度贪婪的、客观的或幻想的，市场并不会产生这些心理状况，市场只是反应这些心理状况。

因此要想用新的方式表达自己（成为成功的交易者），你就要学会接受任何消极的心理状况和产生这些心理状况的心理因素，你要培养一个信念，无论你的内心如何，你都能转变自己。

为了说明自我认可的概念，我会以一个场内交易者为例子，因为他想改变自己的交易风格，所以他找我寻求帮助。当他刚开始到场内交易时，他认为"剥头皮"交易最容易赚钱，所以他采用了"剥头皮"的交易手法，但是他亏损了。他很快就发现在场内和那么多交易者竞争，每笔交易就为了赚1~2个基点，这太累了。所以，他想学习如何每笔交易多赚一点儿。

我们做的第一件事是为他制定交易计划。我们用简单的技术确定了日内的支撑点和阻力点，震荡区间则为7~10个基点。计划的内容是：他站在交易所场内，等待价格碰到他的目标点（在支撑点买入，或在阻力点卖出），建仓，等待市场走到目标点，平仓。如果他建仓后，市场反向波动了2~3个基点，他就要毫不犹豫地止损。我们分析了一些数据，我们认为每笔交易的亏损可以限制在2~3个基点之内。

当他第一天尝试这个计划时，他做的很好，他能等待市场走到他的进场点。然而，等到建仓时，他却不敢去建仓。按照计划，他应该在支撑点买入，但是他害怕价格还会下跌，所以他不敢买入。当市场停止下跌并上涨到他的进场点之上2~3个基点处时，他买入了一份合约。按照计划，买入后就要等到市场反弹到10个基点之上时再平仓，现在只剩下7个基点的空间了。

市场还没有到达阻力点，他就平仓了，只赚了2个基点的利润。随后当市场涨到了阻力区时，他又像之前一样不敢交易。他担心市场还要继续上涨，他没有建仓。市场从阻力点下跌3个基点后，他建仓做空，赚了1个基点的利润就平仓了，没有等到市场跌到支撑点。

当我们在当天收盘后总结他的交易时，他对自己很不满。他想依靠自己，但是他没有按照计划去交易，他没有按照预定的价格进场或出场，总是少赚了几个点。只要承担2~3个基点的风险就能知道一笔交易是否能赚钱，但是他没做到。同理，他急于赚钱，价格还没有到达目标点他就平仓了。他解释说是自己受伤的次数太多了，所以他没有耐心持有仓位。

很明显，他的消极体验和市场行为没有任何关系，和任意策略是否有用也没有任何关系。更重要的是，他不愿意承认自己的技术水平。他对自己的业绩感到愤怒，这表明他不能接受自己的水平和收益。虽然他第一天赚钱了，是长久以来的第一次赚钱，但是对他来说，这一天并没有产生积极的体验。他不认可自己，那么以后他就不能坚持持有赚钱的仓位。实际上，他给自己挖的坑越来越深，如果他想要成功的话，他必须自己拯救自己。

过了一段时间，他成功的概率提高了，他也越来越有信心了。

几乎每次建仓后就赚钱了，他很少亏损。但是，他总是等不到价格走到支撑点或阻力点时就迫不及待地平仓了，结果每笔交易只赚了1~2个基点的利润，错失了几个基点的利润，这让他非常恼怒。

很多时候，他的买点是当天的最低点，卖点是当天的最高点，这让他很苦恼。当然了，他在当时并不知道是当天的最低点或最高点，他是事后才知道的，他无法接受自己在这种情况下只赚了1~2个基点的利润。

因为他每天都在找借口，借口越来越多，他说他没有按照计划交易是市场的原因，他听不进去我对他的分析，所以我知道他的压力来自他的内心。所有的借口都表明他不愿意承认当前的问题，他以为自己到达了理想状态，很明显，他是在幻想。要想成为他想成为的人，他要学会有耐心，要承认自己的现状，这样他才能从过去的错误和无能为力的感觉中解放出来。

因为他在别人面前总是很强势，所以让他做到这点是很困难的。为什么他必须学会有耐心呢？如果他对自己有耐心，那就无法解释他对别人为何没有耐心，他觉得别人"学"的太慢了，或是"犯错"了。

后来有一段时间他不再找我了，我以为他还是老样子。有一天收盘后他给我打了一个电话，他告诉我他准备开始交易20份合约的仓位。他的方法并没有改变，只是他现在能做到连续几天赚钱，每笔能赚1~2个基点的利润。

我知道他这么做总有一天会大亏的，但我在电话中没有直接说明这点。他认为只要自己的交易量变大了，持有的合约数量多了，他就可以向自己和别人证明他是成功的交易者，他不再害怕了。我并没有鼓励他，我说因为他还没有形成正确、必要的心理，还没有掌握好技术，他还不能持有那么大的仓位，持有20份合约是不明智的。他咕哝了几句就挂上了电话。

第二天他因为一次交易 20 份合约而亏损了接近 3000 美元，他把最近两周半的利润都回吐给市场了，还亏了一点儿。从那时开始，他决定按照计划交易，学会接受自己，学会持有赢利的仓位。

再举另外一个交易者的例子，看看这位交易者是如何学会自我接受的。这位交易者在大经纪公司做事，他为金融机构做对冲交易，同时他也为自己做交易。我和他在 3 年前就经常接触了，下面讲的经历则是 3 年后的事。

有一天他给我打电话，他说利用当天的最后一笔交易反转了仓位，他很骄傲。他说他毫不犹豫地止损了，从做空变成了做多。他不再感到冲突、有阻力或痛苦，他感到很高兴。他知道应该做什么，他就去做了。然而，当他反转仓位之后没多久，他的一个在场内替客户交易的同事从场内打电话给他了，这位同事很友好地建议他平掉多头仓位。

我的这位客户很早就决定了，永远不要重视别人的市场观点。他自己的市场知识已经很丰富了，他可以自己确认机会并评估市场可能的行情，至少他认为他可以相信自己。当他接到这个电话以后，他接受了这位场内交易者同事的观点，他平仓了。当他平掉多头仓位 10 分钟后，（债券）市场上涨了 15 个基点，而我的这位客户在建立多头仓位时就预测到了市场会涨到这里。

因为他受到了其他交易者的影响，他少赚了 15 个基点。然而，他并不认为自己错过了机会，他认为他还是容易受别人观点的影响。考虑到他的工作环境（在工作中同事之间互相打电话是正常的，这点他无法控制，他只能控制自己是否认可这个信息），他只是在心理上没有把握住这次机会，所以他不认为自己错过了机会。如果他在心理上做好了准备，他就能坚持原来的计划，他就应该知道别人的市场观点不一定比他客观。另外，考虑到他已经掌握的技术，他应该更加客观。

当你的自我认同程度非常高的时候，信念很强的时候，通过市场信息你能知道自己的水平如何，你也能知道要如何加强自己才能更加成功。每个时刻都能很好地反应你的技术，还能反应你自我评价的程度，这样就能继续提升自己，学到更多的知识。

因为你对市场环境本质的深刻认知和你的执行力能决定你的收益，你最终就能知道自己是否一直在努力。

如果你知道了如何应对特定的市场状况，如果你知道了其中的力量，你就会接受这个结果。如果你想拒绝承认当下是完美的（没有自我接受），那么，你实际上是不承认这个信息对你学会技术有帮助。环境信息可以明显地指明你的水平，如果你拒绝承认这点，那么你是无法成长的。如果你对环境和自己的本质抱有幻想，你也不能掌握有效的技术。如果你否认自己的真实出发点，你就不能采取最合适的步骤来学好任何技术。

要想改变自己，最关键的就是学习，学习识别并去除和现状不相符的信念，学习识别并去除违反环境信息的信念，学习如何解读环境并找到实现自我的最好道路。

第三部分　建立认识自己的框架

在本书开头的第一部分，我说要一步一步地指导你适应交易环境。适应的第一步是认识到适应的必要性。如果你不能控制市场，如果你不能让市场按照你的意思走，那么你就要改变自己，适应环境。市场不会限制你表达自己的方式，这和文化环境不同，在市场环境中你是可以发挥自己的能量的。第二部分"从心理角度看交易环境的本质"的主要目的是指出交易环境和社会环境的巨大差别，从而明确地说明我们需要新的观点。

下面两步是学习确认在交易环境中需要做出什么样的改变和如何做出必要的心理改变。控制物理环境就像你为了需要而搬动椅子一样轻松，然而，在市场环境中就不一样了，你想控制它，它是不理会你的，这要求你彻底了解自己的心理环境和心理功能，这样才能在市场环境中更有效地行动。

你要做出两种改变：第一种改变是，你要掌握一些复杂的心理技术以适应不断变化的市场——这要求你放弃一些传统的关于成功的信念（这些信念会曲解市场信息）；第二种改变是，你要去除过去交易时形成的心理创伤。心理创伤会妨碍你正确地执行交易。

要学什么，要改变什么，如何做出改变，这些都有更具体的步骤，后面六章会具体解释为什么要适应市场，如何适应市场并指导你适应市场。

你第一件要做的事是需要一个结构框架，以让你心理环境中的事情更加清晰明确。要告诉自己这个框架，要解释、定义并说清楚心理环境的组成元素，这样你才能了解你的行为；学会各种技术以控制你的心理环境，让心理环境和外部环境及你的目标协调一致；学会监督你和外部环境的关系。

因为我们的目标、意向、期望、需求和想法都是心理环境的元素投射到了未来物理环境中，因此学会监督内部和外部环境的关系很关键。换句话说，它们都是心理环境中的元素，这些元素要么会在外部物理环境中实现，要么不会在外部物理环境中实现。当你（尤其是作为交易者）为了满足内部的元素而扭曲外部信息时，你要有能力立即识别出来这种倾向，这些曲解最终会导致痛苦和心理创伤。

我在下一章会说明，即使你不能用肉眼看见心理环境中的元素，但是这些元素是真实的。另外，因为我们可以通过在外部物理环境中看见和体验的东西来定义心理环境中的元素，所以我们并没有必要用肉眼去看自己的心理环境。只要把我们相信的和我们体验的事物联系起来，那么通过控制我们的信念就能轻松地改变我们的体验。

我们会检查信念的本质，会检查信念是如何管理环境信息的。我们的信念是如何看待市场本质的，我们的期望是如何管理和控制我们看见的信息的。通过对认知的剖析，你就会明白我们是如何通过各种方式给心理设限的，给市场行为设限的，你还能明白这些限制会如何导致我们曲解市场信息的。

我们会彻底地分析恐惧心理的本质，还会分析恐惧心理是如何迫使我们匆忙行事的。大部分交易者推动价格的主要力量是恐惧心理和害怕心理——害怕错过机会（供小于求）和害怕亏损。如果你真的想了解市场行为并预测下一步会如何，那么你就要了解你的行为下面的动力，还要了解你处理和管理信息的方式。

当你明白了各种恐惧心理是如何影响你的，当你学会了摆脱这些恐惧心理之后，你就能把自己和"大众"分开了。当你把自己和"大众"分开后，你就把对自己行为的了解扩展到某些群体的行为，因为你自己过去就是这些群体中的一分子，所以你就能轻松地预测这些群体会做什么。换句话说，因为你能从比较超然的视角来观察其他交易者的行为，所以你能够预测到他们的行为。你之所以能做到这点是因为你克服了恐惧心理，你不再没有头绪了。

当你明白了信念是如何和环境信息互动并控制你的认知，从而形成了你的体验；当你明白了如何区别一厢情愿的想法和市场透露的真实信息时，你最终就学会了控制你对市场行为的认知并保持最大的心理灵活性，这样你就能随着市场的波动而改变自己的认知并毫不犹豫地执行交易。如果你不能改变市场，也不能控制市场，那么你唯一的选择就是控制自己，清晰客观地看到市场下一步会如何发展。要想做到这点，你必须掌握内部环境和外部物理环境之间关系的本质。

第 9 章　了解心理环境的本质

　　了解自己和心理环境的功能并没有你想象的那么难。然而，你要彻底了解心理环境的总体特征，你就要了解心理环境的元素，你要了解心理环境是如何运作的，本章会告诉你这些知识。

　　因为在我们小的时候没有人告诉我们相关的知识，所以了解心理环境看起来就很困难。实际上，我们所接受的教育正好相反——传统教育告诉我们心理环境很神秘，无法解释。最终我们对心理元素的了解是模糊的，我们不了解心理元素之间的关系，不了解心理元素和外部物理环境之间的关系，也不了解心理元素是如何决定我们的体验的。所以，如果你想有意识地改变自己或更有效地交易，你就要全面地了解这些心理元素极其运作原理，我在后面会解释的，心理环境（内部）和物理环境（外部）的特点完全不同，了解这些不同之处是改变自我的关键。

　　举一个简单的例子，本书存在于外部环境，你对本书的认知、想法或感觉都是你内心环境里面的东西。你内心的所有事物构成了你的心理环境，这些事物包括你所有的体验、记忆、信念、信念中的情绪能量、感觉、需求、要求、期望、目标和想法，无论你是否表达出来了，这些事物构成了你的心理环境。

　　在我们剖析内部环境和外部环境之前，我想指出两者的共同特点。两者都是由很多独立运作的元素（"地带"可以更好地描述内部环境）组成的。大部分人都非常了解自己的肢体和器官，即使在身体内部，我们也很了解。这些肢体和器官是由不同功能的细胞组成，这些肢体和器官独自运作，同时又和其他肢体和器官协调一致，这些肢体和器官一起构成了我们的身体。简单地说，眼镜、耳朵和肺都是不同的，它们的功能也不同，但它们协调一致地工作，从而构成了一个整体。

同理，一些相互协作但独自运作的功能元素构成了心理环境，心理环境体现了我们的个性。比如，信念不是梦想，想法不是情绪。信念、梦想、想法和情绪都是心理环境中相对独立的元素，它们就像眼睛、手指、肺和心脏一样地协调运作（至少概念上如此）。因为大部分人不相信心理环境中有不同的地带和元素特征，所以我要说明这点。

我把心理环境划分为不同的类别，每个类别有不同的元素，后面五章则会详细解释这些概念。

①积极情绪：爱、幸福、快乐、自信、平静和接受；

②消极情绪：恐惧、愤怒、厌恶、嫉妒、失望、困惑、焦躁、紧张、焦虑和背叛；

③幻想：否认、找借口、辩解和曲解；

④信念；

⑤意向：目标和志向；

⑥期望：需要、渴望和需求；

⑦想要的；

⑧梦想：做梦和白日梦；

⑨思想；

⑩吸引；

⑪记忆；

⑫创造性；

⑬直觉。

此处列出的心理环境元素的分类并不完整。然而，这些内容已

第 9 章　了解心理环境的本质

经足够反应本书的目的了，本书的目的就是让你明白这些元素是如何运作的，如何相互协作的，它们会帮助你做出改变并让你成功地交易。

到底什么是心理（内部）环境

我把心理环境定义为把来自物理环境中的感官信息进行分类、标识、整理、联系和储存的地方（眼睛、耳朵、鼻子、舌头和身体器官在物理环境中会产生感官信息）。在心理环境中会形成信念，会产生意义。我们在外部世界的经历会在心理环境中形成复杂的信念结构，这些信念结构会解释外部物理环境的本质，还会解释我们和外部物理环境之间的关系。

关于这个定义，我希望你能注意两个方面：第一，因为这个定义并没有考虑感官信息带来的心理活动，所以这个定义是有局限性的。我会迟点再讲这方面的问题。第二，虽然心理环境的活动发生在大脑中，但我并没有把大脑算入心理环境（你很快就能明白我为何没有把大脑算进去）。

你会发现我讲的这些心理元素都是无形的，你无法看见、听见、触摸、品尝或闻到它们。比如，医生在做脑部手术的时候从没看见过病人的信念、思想、梦想或记忆，虽然医生知道这些元素也许藏在什么地方。生物化学家发现 DNA（脱氧核糖核酸）以分子状态运作，但是无法发现 DNA 和心理元素之间的关系。但是，当别人在物理环境通过他们的行为表达信念和思想时，我们确实能感受到它们是存在的。

有些人肯定会问，既然我们看不见这些心理元素，也没人直接体验过它们，那么这些心理元素是以何种状态存在的？答案是，它们以能量的形态存在着（能量并没有质量）。比如，光线会穿过物体或反射物体，但光线并没有展现出来；电流也会通过物体，但电流也没有展现出来。由原子和分子组成的物体才会展现出现，因为它们要占用空间。

很长时间以来，科学界都以为原子是构成物体的最小单位，是最基本的构成物质，后来才发现原子里面还有能量。科学家到现在都没有搞明白为什么没有质量的能量能构成有质量的原子。换句话说，科学家不明白能量是如何从没有物理形态转变到有物理形态的。曾经有人让阿尔伯特·爱因斯坦给物质下一个定义，爱因斯坦是这样说的："能量有了形态后就是物质，这样我们就能感觉到了。"当你坐在椅子上阅读本书时，你能感觉到书和椅子是固态的。然而，话还没讲完，我们并不能感觉到原子状态的物体形状，在原子状态下，每颗原子都在旋转，原子之间是有空间的。我想说的是，所有的物质在最深处都是以能量的形式存在的（在原子中），但并非所有的能量以物质的形式存在，比如光线和电流就不是。

总体而言，心理能量可以以信念、感觉、情绪等不同形态存在，它们可以影响我们的行为，从而影响我们对外部物理环境产生作用力。比如，以信念或记忆形态存在的心理能量让一个人认为某个台的电视节目并不好看，所以他走过去换台了；让一个人认为某只股票很有潜力，所以他用更高的价格买入了这只股票；还会让大众因为某个理由集体参与一场战争。心理能量向外部表达时就导致了这些行为，并对环境产生了影响。

什么是体验？

众所周知，我们通过五个感官来体验这个世界。但是，当你继续深入分析，从外部（物理）环境到内部（心理）环境做分析时，我们的体验是什么样的？我们看见的、听见的、触摸到的、尝到的

第9章 了解心理环境的本质

和闻到的转变成了电子脉冲能量，并通过神经系统被传送到大脑中。也就是说，外部世界的有形的体验转变成了无形的电子能量，这意味着我们在生活中（物理环境）体验的有形物质和我们内心（心理环境）存储的物质的特点和性质都不相同。我迟点会从实际运用的角度来区分这些不同之处。

如果说我们的体验（环境信息）被转化成了电子能量是荒谬的，那么请考虑电话和计算机的技术。计算机可以通过各种媒体格式储存信息、声音和图像；电话线路则通过电路、光线或微波的形式传递声音和图像。它们的共同之处在于它们把感官信息（有形的体验）转化成了电流并以电流的形式储存起来了。我们的所有体验都以无形的非物质的方式存储在我们的心理环境中（能量是真实的，但因为能量并不包含原子和分子，所以说能量是以非物质的形态存在的）。

因为大脑是以有形的原子和分子（物理）形态存在的，所以我之前并没有把大脑算入心理环境，毕竟心理环境（我们从经历中总结的关于物理环境本质的信念、记忆、情绪所形成的能量）并不是以有形形态存在的。为了帮助你理解大脑和心理环境的区别，你可以认为没有接上外部电源的计算机就像是没有心理环境的大脑。在这个比喻中，心理环境就像是电源，只有电源才能让计算机驱动硬件（以原子和分子构成的机械物质）以储存和运算各种信息，计算机则像大脑。

这就是我为什么在本章的开头说心理环境和物理环境有很大区别的原因。我列出的所有心理元素都是以无形的能量形式存在的，更重要的是，它们的功能、性质和特征都是一样的。为了理解心理环境的本质，你需要理解能量的特点。因此，下一步我会检查像光线和电流这样的能量的性质和特点，然后和心理环境的特点做比较，以希望找到相同之处。

在本书后面的五章中，我会把所有的材料合在一起并为你提供一个实用的技术，这个技术可以提高你有效交易的能力。

心理环境与能量的特点和性质之间的共同点是什么？

能量是无量纲的

我们已经知道了，因为能量不会占用其他物质的空间，所以在物理环境中能量不占用空间。能量"不占用空间"的特点表明能量的性质是无量纲的。换句话说，能量没有高度、长度、宽度或周长，它是无形的，不是我们通常想象的那样。虽然能量是无量纲的，但是，在我们眼中它是有一定形态的，所以说我们很难理解这个无量纲的概念。我们能看见的东西都是有量纲的，都是可以测量的。如果说能量具有能看见的形态，且没有量纲，这似乎很矛盾，但并不矛盾。

为了说明这点，最好的例子就是全息照片。在全息照相的过程中可以生成三维图像，我们用肉眼可以看见图像，图像有长度、宽度和周长，你甚至可以测量图像的长度或宽度。因为这个图像并不是真的存在，至少从物理意义上说是不存在的，所以不管你怎么尝试，你都不能用手碰到图像。用光线生成的图像并不是物理存在的，所以从物理的角度来说，这些图像是无法测量的（相对于物体来说，能量没有量纲）。

记忆或心理图像（我们在内心能看见的任何东西，比如想象、白日梦或晚上做的梦）可以像全息激光一样运作——光线生成的图像是没有物理形态的——没有空间，无法测量。我们头颅内的空间是很小的，从心理的角度来说更小。因为心理图像是一种能量，它没有物理空间，因此可以以任何尺寸大小存在，还不占有空间，所以说心理图像可以有任意大小，不受物理尺寸大小的限制。

第 9 章 了解心理环境的本质

你可以通过一个简单的心理练习来展示这个概念。闭上你的眼睛，想象你上次去旅游的地方。你当时去了哪里？还顺便去了哪里？当你想象你去的旅游景点时，你的身体移动了吗？你从椅子上面站起来吗？你需要开车去那个旅游景点吗？应该不会的，你的意识中会显现出上次旅游的图像。就好像你突然去了那个景点一样，但是你的身体并没有发生任何移动。在你的记忆中，你现在所在的地方和想象中的旅游景点之间并"没有空间"。

我们做的梦也说明了这个没有量纲的特点：第一，梦里的空间是无穷大的。梦可以千奇百怪，所占用的空间比我们的头骨所占的空间大多了。第二，在梦中，我们可以从一个地点立即切换到另一个地方。比如，在梦中，你在你家的地下室，突然之间你就到了卧室，你并不需要真的从地下室上楼梯走到卧室。

速　度

心理环境的第二个特点是速度。能量可以以超级快的速度传播。比如，光线的传播速度是每秒18.6万英里，1秒钟以内可以绕地球约8圈。相对于我们的感觉来说，这个速度太快了，几乎是瞬间的事。我的意思是，光线传播得太快了，我们几乎感觉不到光线的传播。很明显，我们能看见光线，但是我们不能看见光线从一个地点传播到远处。比如，当你在黑暗的房间里开灯时，房间是不是从灯泡到墙壁慢慢地亮的？不是，我们看见房间一下子就亮了，到处都亮了。我们的肉眼无法识别出光线的传播，所以我们以为光线根本没动。

光线的这种瞬间的特点能很好地说明心理环境的特点。正如我在前面讲的，在梦里，场景可以瞬间变化。当你做梦的时候，前一秒钟你还在家里，下一秒钟你就到了外面。这些地点的变化几乎是不需要时间的。我们的心理也是这样变化的，变化的速度和光线传播的速度差不多。

另外一个心理特点（应该说是一种现象）能更好地说明心理环境变化的速度。虽然并不是很多人有这种经历，但确实有不少人分别产生过这样的经历，所以他们的经历应该是真实的。我想说的是，有些人在很短的时间内看到了自己从出生到当前的所有连续图像。这种现象一般发生在当事人以为自己要死了的危急时刻。在那么短的时间内，人们通过自己视觉、听觉、味觉、嗅觉和感觉再次体验了自己的一生。

每次当我听到有人说产生了这样的经历时，我都感到很愕然。我不明白一个人如何在如此短的时间内把自己一生的经历重演了一遍。然而，经过大量的沉思之后，我意识到我们的体验是以能量的形式储存的，能量可以快速传播，这样就可以在很短的时间内重演我们所有的经历，无论这个经历有多长。

如果你像我这样想象，过去的经历以一束光线的形式存储起来，就像夜空中远处的星光一样，也许就比较好理解了。还有一个相关的例子，科学家告诉我们，离地球最近的很多恒星，除了太阳之外，它们都很远，它们的光线传到地球需要几百年。这些恒星和地球之间的距离太远了，它们的光线离地球有数十亿兆英里。因此当我们看着这些恒星时，实际上我们看见的是几百或几千年前它们留下来的光线，也就是说，我们看见的是恒星遥远的过去发出的光线。如果我们现在沿着这束光线向恒星前进，当我们离恒星越来越近时，我们就越接近这个恒星最近的过去（从恒星的角度来说就是未来），最终我们会到达目前状态的恒星。在这束光线中，过去、未来（根据视角不同）和现在都同时存在于一束光线上面。

现在，请想象视觉、听觉、味觉、嗅觉、感觉和我们的情绪都以能量的形式被储存起来了，储存在一段记忆中，就像一束光线一

第9章 了解心理环境的本质

样，我们的意识可以从很远的过去到比较近的过去，再到现在，或者是把这些记忆投射到未来。如果我们经历中的能量传播的速度接近于光速，那么就能在很短的时间内展现一个人的一生。为了更深入地说明这点，请想象你的经历就像一束光线一样，你可以以光速来体验这些经历。在如此高的速度下，只要几秒钟的时间你就可以了解大量信息。假如说1万英里的心理能量相当于1年的经历，那么在光速下，你可以在1秒钟中内体会到接近19年的记忆。

理解这个现象可以帮助我们了解心理环境本质中最难理解的概念——心理环境超越了时间概念。我们的身体感觉对环境的认知受限于时间和三维空间，必须按照直线顺序一一体验每个时刻。我们在物理环境中无法回到过去经历过的事，事情一旦发生了，就无法再回头了，也无法进入未来。过去不复存在了，未来还没有发生。唯一存在的是我们正在经历的"现在"，而现在看起来似乎是永无止境的。然而，心理能量的运作方式和我们理解的物理环境中的时间和空间概念不同，心理环境没有空间限制，没有时间限制，我们可以向任意方向思考：过去、现在或未来。理论上，我们存储的信息是无限的，没有限制的。

简而言之，我们对一段距离内的运动或三维空间内的运动的认知形成了时间概念。换句话说，要想认知到时间，你需要两个关键元素：有量纲的空间和运动。很明显，这两个性质都在物理环境中存在。物理环境的特点是三维空间，包含了长度、高度、宽度和周长，而且物理环境是持续运动的。太阳、其他的恒星、行星及其卫星都在运动着，即使我们不能直接看见，任何物体的原子和分子都在运动着。任何东西都在旋转，小的有原子和分子，大的有恒星和太阳系，我们身体内的原子和分子也在运动。

地球的自转和绕着太阳的公转都是对环境的影响，它们日日夜夜都在变化，引起了季节的变化和各种环境上的周期循环。这些环境周期变化（包括我们自身的成长、呼吸、消化等都是细胞的原子和分子运动的结果）都会影响我们的感觉，导致我们能体会到环境的不断变化，这样就给我们造成了一种时间概念，认为时间一直是向前的。感受不到这些运动，感受不到三维空间内的运动，那么我们就无从参考，就不知道时间的流逝。比如，我们的意识凝固了，没有感觉，意识不到任何动态变化，也意识不到自己的心跳，那么我们就不知道时间过去了几天还是过去了几秒钟。要想度量时间，我们需要一个起始点和一个目标点，这两点就可以衡量时间或距离，但是要想确定这两点，我们需要在三维空间内确定。

就像在溪流中一样，我们的意识在过去、现在和未来之间自由漫游，忘却了时间或空间。另外，物理环境中的波动顺序对记忆中存储的能量没有影响，只有环境对我们的感觉造成冲击时，时间顺序对心理环境才会有影响。回想过去24小时内的一点一滴，是不是很难？再试试回想一周前那天的一点一滴，我们唯一能记住的事情都是重要的事情，能记住对我们感官冲击最大的经历，也就是能量最大的体验。这是因为体验在我们记忆中不是以时间方式存储的，体验是以充电能量的形式存储的。正因为如此，所以体验和时间的流逝没有关系。

请记住，能量不是以原子和分子的形式存在的，因此和我们理解的时间流逝有所不同，它不像原子和分子在不停地旋转。能量可以是静止的，也可以是活动的。比如，有些人或有些事会让你想起20年前的某件事，而你以前根本没想到过这件事。当你触及到这些记忆中的能量时，你就会再次体验当时看到的、听到的、尝到的、闻到的感受，最重要的是你会体会到当时的情绪，似乎一切都没有改变。在你的思想中确实没有发生过改变，能量潜伏了20年，只有当我们回想的时候，或有人提醒我们的时候，才会激活能量。

因为积极的（快乐、幸福或欢喜等等）或消极的（痛苦、恐

第9章 了解心理环境的本质

惧、愤怒和憎恨）的经历造成的能量比较大，所以容易引起回忆。我们能自由地回忆起这些经历，但是，如果要回忆你什么时间刷牙，什么时间喝水，什么时间打开了冰箱的门，什么时间穿鞋袜，这些事就很难回忆起来。这是因为针对这些经历，存储的能量并不多，所以很难回忆。

我们的记忆就像是装满了能量的口袋，记忆可以按照时间顺序组织能量，如此一来，就像光线一样是可以回溯的。然而，有很多平平淡淡的事情，虽然我们知道这些事情发生过，但它们似乎消失了，根本没有痕迹。一个月的今天，我们肯定穿上鞋袜了，否则，我们无法到处走动，但是现在我们根本记不起当时的情况了，这是因为穿上鞋袜并不是重要的事。

我们过去曾经阅读过的文字，如果印象不深刻的话，说明环境对感官的冲击不大，我们很快就忘记了。相对于亲身经历而言，纸上的文字对我们的视觉冲击就比较小。比如，亲自去做一个生物实验，我们得到的体会一定比通过书本阅读要深刻。要想通过阅读记住某些事物，我们必须全神贯注，这样才能以能量的形式存储这些事物。

因而，在任意时刻根据我们的感受程度（身体上或情绪上的冲击）是否深刻，我们有可能体会到时间的流逝。假如说我们因为某件事而感到恐惧，那么我们就会有度日如年的感觉，这是因为环境在冲击我们的感官。这种冲击太痛苦了，我们迫不及待地希望早日摆脱这种状况。我们就会关注这事何时才能结束，希望它尽快结束，这样我们对时间的感受就拉长了。

快乐的时光似乎总是一转眼就过去了（我们没有意识到时间的流逝），这是因为我们在享受快乐和幸福，我们不愿意放弃快乐。当幸福离我们越来越远时，我们就感受到越来越不快乐（无聊等）。当我们从快乐的状态（没有意识到时间在流逝）到"我受不了了"

的状态过程中，我们能感觉到时间在放慢。

在物理环境中，经历的事一件又一件地呈直线顺序发生。我们经历的事（通过感官）转化成了电能然后存储在记忆中。因为能量没有物理结构，所以不受时间的限制。时间只有一个方向，然而，在我们的心理环境里，我们可以自由地思考和回忆，可以在心里体会到图像、声音、味觉等等，所有这些记忆合在一起就形成了我们的特征。因为记忆是能量形式的，它们有可能会影响我们的行为。无论我们在意识上是否意识到了，这些影响会导致我们根据过去的体验和记忆做出一定的反应，这样我们又有了新的体验和记忆。

我想说的意思是，在本质上我们同时生活在两个不同的时空中：一方面我们生活在物理环境中，物理环境是三维的，我们的感觉受时间的限制，时间的流逝是呈线性进行的；另一方面我们生活在心理环境中，心理环境中的时间和空间则和物理环境中不同。心理环境中没有时间和空间，这与我们体验幸福、满足需求和实现目标的能力基本上是一个意思。在解释这个观点之前，你要明白我们的经历要以能量的形式充电并以记忆的形式存储起来，能量可以被积极充电，也可以被消极充电，我把这两种方式充电后的能量称为"能量的性质"。

第 10 章　记忆、联想和信念是如何管理环境信息的

从我们诞生之日开始，我们就会对物理环境造成影响。一旦我们占有了某个空间，其他人和物就不能占有了。物理环境则会反过来影响我们的感觉，导致我们和环境之间形成了因果关系。请注意，从现在开始，我所指的物理环境是广义的物理环境，它包括我们肉体之外的所有事物，包括其他人。从最基本的角度来说，只要我们活着，我们就会有体验。活着意味着我们有感觉，在和环境互动（作为一种力量），会改变环境，会改变环境的持续性。比如人类活动改变了地球的表面和形状，而且在某些方面引起了连锁反应。即使我们没有活跃地改变和控制环境，我们仍然占有空间，我们生活在大气中，通过呼吸活动改变了大气的构成。

记忆是以充电能量形式储存的

我们和环境的互动经历会被转化成电子脉冲形式的能量。作为电子脉冲形式的能量，体验就会被充电，根据环境对我们感觉的冲击程度，被充的电要么是积极的，要么是消极的。比如，婴儿的啼哭也是对环境的影响，更具体地说，婴儿啼哭时影响了周围所有人的听觉，周围环境对婴儿的反应会在婴儿的大脑中形成记忆，这个记忆可能是积极的，也可能是消极的。

"能量的性质"指能量是积极的，还是消极的。比如，如果大

家都很关心这个小孩,爱护这个小孩,那么这个小孩的记忆里的能量就被积极充电了,积极的程度则取决于小孩的体验程度。也就是说取决于环境对小孩感觉的冲击程度。快乐、幸福、欢乐和疼爱的体验都会产生积极的能量。相反,如果环境对这个小孩很苛刻,通过叫骂(对听觉的冲击)或拍打的形式让小孩感觉到了痛苦,那么他记忆中储存的能量就是消极的,消极的程度取决于体验的程度。

记忆储存的能量的性质有两个基本元素:第一个是充电的性质,分别是积极的、中性的和消极的。第二个元素是充电的强度,强度可以从非常积极到非常消极,非常积极可能是兴高采烈,非常消极可能是超级恐惧。因为能量的性质决定了我们对环境本质的信念,所以这个概念很重要,我们对环境的信念会影响我们认知信息,还会影响我们和环境的互动。

积极充电能量的特点

积极的能量会传播,它会创造信心,促使心理成熟,去探索并发现未知的事情。我把未知的定义为存在于物理环境中的所有事物,这些事物还没有被心理环境知晓。积极的能量让我们像小孩一样对环境感到好奇。

为了满足天生的好奇心,我们会和环境产生互动,这样就有了体验,并了解了之前不知道的事物,这样就产生了兴奋的感觉,因为我们对事物的了解变多了,我们和环境的互动也更有效了。我们对环境本质了解的程度和心理环境中的消极能量的程度是有直接关系的。因为如果没有内部环境的阻挠,我们会自发地学习,所以我强调了要重视消极的影响。换句话说,是否有恐惧心理(消极充电的能量)是一个关键因素,这个因素会决定我们是否会学习新事物并实现心理的持续成长。

比如，把小孩抛向空中，然后再接住，他就会求你不停地这样做。这就是和环境互动的例子，这样就产生了积极充电的体验。积极的能量具有可传播性，促使我们和环境继续互动以产生更多的体验。我们体验的越多，我们对环境就越了解。我们越了解环境，我们就越能有效地和环境沟通以满足需求，实现目标。积极充电的记忆能给我们信心，让我们尝试新事物并实现心理成长。

消极充电能量的特点

在上例中的小孩，如果你把他抛向空中，但没有接住他，而是故意地让他跌落到地上，他就会感到恐惧，如果你建议再抛一次，他会拒绝的。不同的经历产生了不同的行为。在上例中，体验是快乐的，形成了积极的能量。在本例中，体验是痛苦的，形成了消极的能量。

无论是我们（因为好奇）和环境互动，还是环境和我们互动，结果可能是意外的，痛苦的，形成的消极能量就会存储在记忆中。痛苦的记忆会产生恐惧感，导致我们认为环境是可怕的，环境未来还会给我们造成更多的痛苦。我们认为环境是具有威胁性的（我们害怕的事物就是我们认为具有威胁性的事物），就会和记忆中痛苦的体验一致了，这些痛苦的体验来自相似的环境或状况。

积极的体验能带来信心和安宁的感觉，恐惧感则会限制我们的行为和我们对环境信息的认知。我相信任何读者都体验过恐惧心理对行为的影响。在危险环境下恐惧心理会让我们跑开，或让我们无法使唤自己。恐惧心理会严重限制我们的选择范围。无论环境是否会让我们产生新的体验，恐惧心理只会让我们根据我们的记忆结构与环境互动，或者是导致我们完全回避了这次经历。和环境的互动会产生体验，体验的结果就是成长。如果我们根据过去的经历来体验环境，或是完全回避新的体验，那么我们就无法了解环境的本质。

痛苦的经历会产生消极记忆，消极记忆会产生恐惧心理，促使我们不想去体验，所以恐惧心理会导致我们产生不满情绪。如此循环，当我们不想去体验的时候，我们就放弃了学习过程中的快乐感觉。积极的循环具有传播性，消极的循环则具有退化性。痛苦的记忆会阻止我们学会如何有效地、满意地和环境互动，因为我们无法通过不同的体验学到新的东西，所以我们感受不到幸福和有意义的生活。

恐惧心理限制了我们的行为，限制了我们对环境信息的认知。恐惧心理限制我们行为的现象是明显的。然而，恐惧心理影响我们的认知过程则没有这么明显，实际上影响的过程很微妙，不易察觉，除非你认真地研究了如何观察这种影响。作为交易者，客观地看待市场行为是很重要的。要想做到客观，你要知道恐惧心理是如何在你毫不察觉的情况下摧毁了你保持客观的能力。关于这个问题，我迟点会深入讨论的。然而，在这之前，你要理解联想的本质，还要理解认知是如何在内部环境和外部环境之间建立能量循环的。

联　想

联想似乎是我们思维的正常特征。我们的大脑会自动地把相似的环境信息联系起来，我们有两种联想方式：第一种方式是根据一些明显的特征把人和物进行分类。我们会根据性别、头发的颜色、肤色、职业、经济状况、教育背景等把人分类，针对不同类别的人，我们根据自己的经验和认知产生了联想。比如，如果我们和某种肤色的人有过不愉快的体验，我们就会自动地把这种肤色的人和自己的体验联系起来。

第二种方式是我们会把一些事和毫不相干的感官信息联系起

第10章 记忆、联想和信念是如何管理环境信息的

来，我们会把以前的体验和我们闻到的、尝到的、听到的或看见的东西自动联系起来。比如，小孩被打时他会记住当时感觉到的环境信息，他会把自己听见的、闻到的、尝到的和看见的东西和打他的外力联系起来。当他被打时，如果他听见了收音机上的音乐或闻到了空气中的气味，他就会把音乐和气味与自己的痛苦联系起来。

这些环境特点（特定的音乐和气味）就和他心理环境中的消极能量联系起来了。当小孩被打时，他的注意力放在被打这件事上，他可能没有注意到音乐和气味。然而，当他以后听到了这个音乐或闻到了这个气味，他会自动地体验到被打时的消极能量。即使是多年后，在最没有可能回忆起被打这件事的时候，如果他听到了同样的音乐或闻到了同样的气味，他的体验就从幸福变成了愤怒、难过和沮丧，就好像现在被打了一样。

当然了，积极的体验也是一样的。最完美的例子就是很多夫妻有他们共同喜欢的"音乐"，这个音乐能让他们联想到他们之间的爱情经历。当他们听见了他们的"歌曲"时，他们就想到了他们在一起时的感受。实际上，歌曲会代表他们关系的质量，每当听到这首歌，他们的记忆和情绪就会和这首歌联系起来。

我们的心理系统会自动地组织信息，这就是联想。大部分联想都是无意识的，这意味着根据环境的不同，我们会不经意地给能量积极充电或消极充电。因为我们是不经意地把外部感官信息和事情联系起来的，所以我们看见的、听见的、尝到的或闻到的东西会让我们产生情绪，而我们却不知道为什么会这样。

物理环境和心理环境之间的能量循环

在任意时刻，我们都不可能接触所有的环境信息。我们的感官无法一次性地接受所有的信息（看见的、听见的、碰到的、尝到的

或闻到的)。如果我们不能意识到所有的信息，那么我们必定会有一定的机制去选择自己关心的事物。我们已知的事物在内部环境和外部环境之间创造了能量循环，我们把能量循环叫做认知。认知就是识别——用眼睛、耳朵、鼻子、舌头和肢体——接触物理环境。心理能量和我们的感官一起根据我们已知的特点区分组织环境信息。因为已知的东西已经在我们心中了，所以我们能够识别环境中已知的东西。我们必须用一定的心理框架去接受信息，否则我们会认为信息是没有意义的，这就会忽视信息，或完全视而不见。我们只有主动去构建一个框架——愿意去了解——才能了解到信息。

区　分

区分就是把环境信息分类。对于一个小孩来说，如果大人不告诉他什么是汤匙，什么是铅笔，小孩是没有概念的，既然没有概念，小孩就会把它们放进嘴里。只有心理环境中的信息对小孩的认知产生了影响，小孩才能区别汤匙和铅笔。物体会表达自己的信息，对于一个人来说，除非是第一次接触，否则他已经对这个信息有了认知。如果小孩对汤匙和铅笔没有区别，他会认为它们是同一类的事物，就会把它们都放进嘴里。只有汤匙和它产生的信息在内部环境和外部环境之间产生了能量循环的时候，小孩才能做出区分。任何我们不知道的东西，在环境中就是一种可能性，这种特点就是我们还需要去了解的特点。如果我们没有学会区别，我们就不能识别环境给出的各种信息。

举例说明，如果我要打开我的计算机，那么我认知的东西和有经验的技术人员认知的东西是不一样的。因为我对内部各种硬件都不了解，虽然各种硬件都给出了自身的信息，但是我还是一无所知。因为我不会区别各种硬件，所以我会把它们归为一大类。因为

第10章 记忆、联想和信念是如何管理环境信息的

技术人员了解每个硬件的具体功能和它们之间的关系，所以他的认知和我不同。因为他采用了特殊的心理框架，所以他能够了解这些硬件。因为我没有和他一样的心理框架，虽然这些硬件给出了自身的信息，但是我无法识别这些信息。

学会如何识别市场机会是另外一个说明内部环境和外部环境之间的能量循环例子，我们把能量循环叫作认知。交易者作为市场内的一种力量会推动价格。因为大部分交易者并不做交易计划，也不想为结果承担责任，所以他们的行为很可能是在恐惧心理的影响下做出的。在客观观察者（没有恐惧心理的人）眼中，那些在恐惧心理影响下的交易者看到的选择范围明显偏少，这些交易者的行为具有可预测性。所以在特定的市场状况下，根据他们害怕的事——大部分交易者的行为都是一样的——他们的行为打破了价格平衡，迫使价格向某个方向波动。如果你没有学会确认这些状况，因为在内部环境和外部环境之间没有能量循环，所以你无法识别这些市场状况。

我肯定每个人都有这样的经历，在第一次阅读不熟悉的资料以后，第二次、第三次和第四次阅读时，每次都能认知到一些新东西。为什么会这样呢？你每次阅读的时候都在构建心理框架，你的心理框架会让你识别出以前没看出的信息。也就是说，你在第一次阅读时，所有的信息都在书中了，但你需要通过多次的阅读才能识别出一些新知识。然而，你要创造一个能量循环才能认知各种信息或产生理解，否则你在阅读时，即使你的眼睛看到了这些知识，你读出了这些文字，但是你根本没有意识到。

在任意时刻，我们对环境信息的认知和环境信息之间是有很大差别的。举例说明，销售人员学会了在适当的时机让客户成交；汽车维修人员通过声音就能判断出汽车的毛病在哪里。对于没有这两个方面经验的人来说，他们会认为这样的能力太神奇了。实际上情

况并非如此，即使他们处于相同的环境之中，他们听见的和看见的信息也是不同的。因为他们的心理环境不同，所以他们看见的市场信息也不同。对于没有经验的人来说，在适当时机成交所采用的信息是完全不同的。对于没有经验的汽车维修人员来说，道理也是一样的。如果没有学会如何区别这些信息，那么就不可能识别这些信息。如果没有人教他们如何在适当的时机成交，他们就永远不知道这些信息。我们了解的信息越多，我们对因果关系的理解就越深刻。

我们的认识是如何形成体验的

我们通过我们的感官来体验环境。从最基本的角度来说，外部世界转化成了电子脉冲能量，能量包含了信息、感受和情绪，它们的变化范围可以从超级幸福到大怒，兴高采烈到绝望，爱慕到憎恨。人们第一次和环境互动时会产生以前没有的记忆、不同的特点或联想。第一次和环境互动是完全独特的经历，就像学习识字一样，我们的心理环境中对这个字是没有感受的。这些新的记忆、差别和联想形成了心理框架，心理框架则形成了我们对外部环境本质的认知。

当我们了解新事物时，心理能量就会影响我们的感官以识别出我们已知的事物。所以能量的流动是双向的，第一，我们通过独特的体验了解了事物；第二，我们认知已知的环境事物。恐惧心理很好地说明了这个概念。只有当我们识别出能导致我们产生恐惧心理的事物时，我们才会有恐惧感。因为消极的能量存在于我们的记忆、不同的特点和联想之中，它们就会对我们的视觉、听觉、嗅觉和触觉造成影响，让我们在环境中识别出我们已知的能造成痛苦的东西，我们就会感到痛苦，所以最终就产生了痛苦的体验。

所以，当我们认知环境中的事物时（识别出我们已知的事物），心理能量就会影响我们的感觉，环境并没有影响我们的感觉。换句话说，这个状况和我们已知的状况是相似的或一样的，因此我们给这个信息赋予了一定的意义。当我们第一次接触环境时，环境并没有产生任何意义，意义早已存在于我们自身，在本质上我们通过自己的记忆、不同的特点和联想，用自己的认知方法创造了体验。

这就是为什么一群人在同样的地点，面对同样的市场环境，却用不同的方式来描述事件。因为每个人的经历不同，所以每个人对事件的看法不同。心理环境结构产生了不同的体验。对于同样的环境，每个人的联想方式不同，然后体验的能量有积极的，有消极的。每个人对同样信息的看法也不同，所以赋予的意义也不同。不同的意义形成了不同的能量，有积极能量的，也有消极能量的，因此每个人的体验也不同。有些人用积极的能量（时间变快了）看待自己的体验，有些人用消极的能量（时间变慢了）看待自己的体验，每个人对经历和事件的看法都不同。如果没有考虑到这些心理变数，你就不明白为何有人会争论不休。因为每个人是根据自己的认知体验外部环境的，而这个认知的功能是我们天生的，所以每个人的观点都是独特的。

我们对外部环境的体验来自内部，而不是大部分人认为的外部。换句话说，我们的第一次体验形成了含义，同时决定了和含义相关的能量的性质，然后，一旦我们内心知道了这个含义，它会通过选择信息和感受信息的方式决定我们对外部环境的体验。

这是很重要的概念，所以我会再举一个例子来说明我们的认知是如何形成了我们对环境的体验的。假如说我向一个男人的雕像走去，一开始，我面对面地看着雕像，我感觉比较淡然，也就是说我没有什么情绪反应。然后，我围着雕像行走，我改变了我的视角，直到我看见了整个雕像的轮廓。当我看着雕像的脸部时，我想起了（联想）我很喜欢的某个人，我已经很多年没见过这个人了。从这个角度来说，雕像产生了新的含义，并把我的体验从中性变成了强烈的怀旧情绪，我非常想念这个人。

在我看到雕像之前，引起我对雕像体验的能量和那个特殊的时刻就存在于我的内心。改变我感觉的能量并非来自雕像，实际上和雕像也没有任何关系。我独特的心理结构导致我用一定的方式体验这个雕像，因为我内心已经存在的能量影响了我的认知，所以我改变了我的角度，并对雕像赋予了新的意义。如果我和我认识的那个人没有积极的体验，那么当我看着雕像时，我应该还是漠然的。

认知和情绪之间的关系

在很多环境和状况下决定我们感受（爱和恨、幸福和愤怒、自信和害怕等）的能量并非来自环境。这些感受和情绪早就存在于我们的内心了，当外部环境和我们内心过去的体验发生了吻合时，我们就能自动地感觉到这些情绪。举例说明，假如说父亲用一只手提着小孩，另一只正在打小孩，嘴里还在说："你这个笨蛋"。小孩是第一次听见有人骂他笨，也许小孩不知道笨蛋这个词的具体含义，但是他的身体和耳朵很痛，他就把痛苦和这个单词联系起来了。从那时起，在他的心理环境中，笨蛋这个单词就成了消极的能量。因为他已经体验过了这个单词——他的心理环境区分了这个单词的意义，当他在以后听到这个单词时，他就会意识到。考虑到他理解这个单词的过程，他的认知会如何影响他的体验？无论何时，只要他听到了笨蛋这个单词，他就把这个单词和心理环境联系起来，并体会到身体上的痛苦。外部环境要像第一次一样影响他吗，一定要打他吗？不用。只要他听见了笨蛋这个单词，他就会感受到痛苦。自从他第一次听到这个单词之后，痛苦就存在于他的内心了，所以痛苦的感受不必来自外部环境。如果父亲在打他时并没有导致他痛苦的意思，那么结果会有不同吗？结果还是一样的，因为他正在经历疼痛时听到了这个单词，所以他把这个单词和痛苦联系起来了。他能体会说他是笨蛋是为了他好吗？他无法体会到。因为他过去并没有在快乐的时候听到别人说他是笨蛋，他无法做出区别。从环境的角度来说，笨蛋只有一个含义。另外，每次当他听到笨蛋这个单词时，他就会加深内心的痛苦，消极能量也会增强，所以他有可能永远无法做出新的理解。从第一次经历开始，他就把笨蛋这个单词和他的体验结合在一起了。

在任意时刻，环境能够给人带来的体验是多种多样的，除非处于学习状态，否则不同的认知会产生不同的体验。换句话说，我们内心已经存在的（记忆、不同的特点、联想和信念）形成了我们的体验，我们内心的体验和外部环境提供的体验可能不同。当我们处于学习状态时，我们的心态是开放的，为了了解环境的本质，我们会接受不同的特点和意义。

我们的体验形成了我们理解的意义，我们理解的意义形成了我们对未来的体验。让我来解释这个概念。1987年，我正在看芝加哥当地的电视节目《芝加哥恶作剧》，节目内容是一些当地的社会名流互相开玩笑。在其中一集，电视台请了一个人站在密歇根大道旁边，手上拿着一个牌子，上面写着："免费送钱——仅限今天"（如果你不了解芝加哥，我解释一下，密歇根大道有很多漂亮的专卖店和时装店）。电视台给了这个人很多现金并告诉他，只要有人要，就给对方钱。当你想到密歇根大道是本市最繁忙的大道之一，如果很多人经过这个拿着牌子的人，会有多少人找他要钱呢？

所有经过的人中间，只有一个人停下来说："不错！我可以拿25分钱坐公交车吗？"剩下来的人根本不愿意接近这个人。因为没有人找他要钱，这个人很沮丧，他略带哭腔地说："你们要钱吗？请来这里拿，我发不完啊。"每个人都是从他旁边匆匆而过，似乎他并不存在。他走上去问一个生意人:"你想要点钱吗?"生意人回答说:"今天不需要"。他对生意人说:"机会难得啊。"他想给生意人一把现金,他说:"请收下吧。"生意人简单地说了一声:"不",就走了。

在本例中,环境在表达自己,但只有一个人的心理结构让他认知了环境的意思。对于其他人来说,他们的内心和真实的环境状况并不匹配。除了那个要25分钱的人,其他人看到牌子时,他们不会心里想:"太好了!有人要送钱给我,我能拿到多少呢?"

因为我们通常不相信有人会送钱给自己,所以人们的反应是正常的。通过别人的行为,我们能发现有人是相信的。如果他们认为自己可以免费收到钱,他们在经过的时候就不会放弃这个机会的。所以,相信天下没有免费午餐的人——他们就会对这次机会视而不见。实际上,大部分人会认为这个人疯了,所以很多人在行走时要绕开这个送钱的人,以避免直接接触。

然而,环境正在用自己的方式表达自己。牌子上写的"免费送钱"是真实的,但是大部分人的心理环境不相信"免费送钱",没有认知到这个真相。这个例子说明了每个人相信的东西、认知的东西和体验的东西是一一对应的。除了一个人,其他人都不相信免费送钱,他们都认为这个人疯了,因此他们的体验和环境不一致,是错误的体验。这些人对环境信息赋予的意义和环境本身提供的意义不同。如果说环境没有接受这些人赋予的意义,那么可以说每个人都是按照自己的方式创造了自己的体验。其实还有很多种体验存在的,只要某个人的信念相信这种可能性,他的信念和体验就是一致的。

信 念

信念就是根据自己相信的东西选择信息,给信息下定义、找到差别并形成认知。我们的体验和我们的选择是一致的，我们的选择和我们认可的信息是一致的。个人认可的信息也许和环境提供的信息不一致。在免费送钱的这个例子中，每个人都可以声称自己的体验才是真实的状况，如何才能让他们相信不同的东西呢？人们会把他们的信念和随后的体验认为是真实的，他们并不认为是针对真实情况的信念。因为信念创造的和环境的关系是循环的，且能最好地描述环境，所以这是自然的现象。

我之所以说是循环的，我是说当我们体验环境时，很多元素是互相印证的，导致我们以为我们的体验是明确的或勿庸置疑的。信念产生的这种循环系统很难被打破，信念控制了进入心理环境的信息，认知的信息就会和信念一致，行动的理由就会和认知的信息一致，随后的体验就会支持并加强信念的有效性。因为体验在不停地加强信念，让信念变得越来越明确，所以说这个循环系统是封闭的，这个循环系统不允许其他的可能性出现。除非我们愿意接受新的信息，我们才有可能形成新的体验。假如说我们在任何环境下只有一个体验，我们就会体验到信念系统的循环本质。

即使牌子上面写着"免费送钱"，那些经过这个牌子的人也不会想到环境会用这个方法来表达自己。即使其他的可能很小，其他的可能性还是存在的，如果他们第二次遇到了有人免费送钱，如果他们还不明白这个道理，那么他们的行为还是一样的。因为我们无法去体验我们并不知道的事物，所以认知和体验必须匹配；除非我们愿意接受其他可能性，除非我们知道自己的认知是有限的，那么我们就有可能体验到我们不知道的事物。还记得那个生意人吗，给他钱，他都不要，他有机会体验到不同的事情，了解环境的新的可能性（确实有免费的钱），这样心理就会更加成熟。很明显，他并知道自己有可能免费得到钱，这是他并不知道的不同之处。虽然说免费送钱会刺激一个人产生新的信念，但是对这个人来说，刺激并不够。很明显他的信念不会让他考虑其他可能性的，不会让他再产生新的封闭的循环，不会让他相信他体验的状况是真实的；而实际上环境信息是真实的，有这种真实的信念。

信念定义了我们认知环境信息的参数，所有的定义则造成了限制。信念会通过不同的方式管理信息，这样就在内部环境和外部环境之间实现了平衡。如果没有实现平衡，就会导致紧张或幻想。因为我们的信念锁定了我们的反应，让我们以为我们的信念是明确的，所以为了实现平衡，我们反应是自动的。实际上，在任何情况下，我们信念锁定的体验和其他体验是同时存在的。

在必要的时候，信念会阻止信息流入心理系统，信念会限制我们看到的数据量，这样我们才能分阶段地成长。如果我们认为事物是以唯一特定的方式存在的，那么我们的信念就会自动地阻止我们接受任何有冲突的信息。

要想接受新的或冲突的信息，我们就要采取开放的态度，承认还有其他的选择，而通常我们是不会采取开放的态度的。选择范围太广会很快导致心理过载，产生困惑。如果不是为了限制信念的本性，那么太多选择对我们心理的影响就像电视机同时接收很多节目一样混乱。信念让我们一次固定一个频道的环境信息，这样我们就能通过这个频道了解环境，然后我们可以再选择另外一个频道，看看自己如何面对其他的可能性，这样我们就会知道还有其他的可能性。

恐惧心理是如何形成我们极力回避的体验的

当我们学会了区别对待事物之后，我们就形成了自己的认知。认知循环中的能量密度决定了——我们重点关注的事物。在任意时刻，对于任何信息，我们的意识是有限的。恐惧心理（高密度的消

第 10 章 记忆、联想和信念是如何管理环境信息的

极能量）会影响我们的注意力，造成我们只能关注到部分信息。恐惧心理让我们把注意力聚焦在了我们害怕的事物上面。如何避免产生恐惧心理呢？

学习开车的过程能很好地说明恐惧心理如何限制了我们的注意力。对于从没开过车的人来说，很明显开车是危险的，很容易想到会出事故的。如果没有学会娴熟的驾车技术，司机就没有信心合理地应对各种状况。也就是说他不相信自己，结果就是他在开车时感到不安，有恐惧心理。恐惧心理让他把注意力放在交通上面，让他眼手一致，行驶在正确的路线上面。因为他担心自己开不好车，他就不会注意其他的事，比如和乘客说话，欣赏风景，看路牌。所有的环境信息都是可见的，但是因为他一直在关注自己的恐惧心理（害怕开不好车），所以他根本没注意到其他信息。直到他的驾驶技术熟练之后，他才能注意到其他信息。

恐惧心理的目的是为了帮助我们避免危险的事物。然而，当我们把痛苦的记忆和联想的倾向放在一起时——我们不但没有回避我们害怕的事物——我们实际上创造了我们要回避的体验。举例说明，被狗疯狂地咬过的小孩会自然地认为所有的狗都会给他带来痛苦，因此当他遇到狗时，他就会害怕，甚至感到恐惧。小孩认为所有的狗都会咬他，这是真实的恐惧心理。因为他的经历告诉他所有的狗都是危险的，所以他无法区别友好的狗和凶恶的狗。因为我们的自然倾向是相信第一次的体验，所以他会认为所有的狗都是危险的，这就是他对环境真相的看法。然而，实际上并非所有的环境都会产生和他一样的体验，并非所有的狗都是危险的。相反，除了少数狗具有威胁性，大部分狗看见了小孩就想和小孩一起玩。

不管这个小孩遇到的狗的性格如何，这个小孩都会感到害怕。当狗接近这个小孩时，这个小孩会以为狗要攻击他，而实际上大部分狗只是想和人类在一起玩耍。实际上，这个小孩太害怕狗了，所

以他会随时小心翼翼地提防狗的出现。最终他会对自己看到的事物和听到的声音都保持警觉。一旦他看见了一只狗或听见了一只狗的声音，他就会产生可怕的体验并加强了他的恐惧心理。他的注意力都放在了他害怕的事物上面，这样他就可以回避具有威胁性的事物。问题是他相信的东西和真实状况不同，并非所有的狗都是危险的。如果不知道这点，他就会认为他的恐惧心理来自外部，而不是来自内心。实际上是他的恐惧心理对他的认知造成了影响，导致他产生的体验正是他极力要回避的体验。

我们担心什么，我们通常就会得到什么，狗咬小孩的例子就形象地说明了这点。然而，我们的恐惧心理还有其他方法来创造我们极力回避的事物，但这些方法并不容易被察觉。所有的恐惧心理都会影响我们的认知，作为一种预警机制，帮助我们回避我们认为具有威胁性的事物。回避我们害怕的事物的方法之一就是拒绝承认有威胁性的信息。另外一个比较微妙的办法就是聚焦于其他方面——也就是聚焦于不具有威胁性的信息——这样就产生了认知上的盲点。这些盲点把一些信息从我们的意识中去除了，而这些信息可能意味着灾难性的结果，在交易环境中特别容易出现这种情况。

比如，市场给我们提供了很好的赚钱机会，所以我们进行了交易，但同时我们害怕会出错。因为一旦我们出错了，我们就会感觉到过去因为犯错而积累在内心的消极能量，所以我们就会害怕犯错。如果市场提供一个对的信息和一个错的信息，我们一般会重点关注哪个信息呢？我们一般会采用我们认为正确的信息，并不在乎这个信息的其他含义。再次说明，其他含义可能就是灾难性的结果。

让我们再看看另外一个交易者的例子，这个交易者害怕亏损。因为害怕，交易者不敢交易，所以恐惧心理意味着明显的内心冲突。然而，为了本例的解说方便，我们认为当这个交易者看到特定

第10章 记忆、联想和信念是如何管理环境信息的

的机会时，他克服了恐惧心理并进行了交易。现在，市场的行为会决定他重点关注什么样的信息。如果市场对他不利，他会害怕再次亏损，所以他会关注其他的任何不具有威胁性的信息。如果市场碰巧又回到了他的进场点，他会平仓，也不管未来对他有利的行情会走到哪里，他感到舒了一口气。但是，如果市场继续对他不利，他就再也无法承受有威胁性的信息了，他的心理防范机制就会崩溃。那时，他就手足无措了，不知道该怎么办。最后，他的压力和焦虑就变得太严重了，唯一的解脱办法就是平仓。

另一方面，如果他发现自己的仓位是赚钱的，那么他关注的信息就完全不同了。他担心亏损的心理会让他关注市场是否会抢走他的钱。当他的仓位是赢利的时候，对于利好信息他会视而不见，当他亏损的时候他才会关注利好消息，他关心的是让他感到害怕的信息，他关心市场会不会回到他的进场点。实际上，无论潜在利润多么大，害怕亏损的心理导致他总是提前平仓了，利润并不多。一旦他平仓了，如果市场继续前进，他又会为自己的提前出场感到后悔，他就会琢磨为什么自己就不能多持有一段时间，但他并没有想到是自己害怕亏损的心理导致他失去了后来的利润。

这个例子说明了为什么大部分交易者都是截断利润，让亏损奔跑。仓位赢利时，害怕亏损的心理导致我们担心市场会拿走我们的钱，迫使我们尽快平仓。仓位亏损时，我们关注的是相反的信息——所有认为这个仓位会赚钱的信息。恐惧心理导致我们不假思索地做出了行动。当我们害怕面对某些市场信息时，恐惧心理就限制了我们的选择范围。如果我们在亏损时没有看到对我们不利的信息，那么我们就不会止损。如果我们总是认为市场会拿走我们的钱，那么持有赢利的仓位就不是一个好的选择。

为了防止出现这样的认知盲点，我们要学会如何在交易时摆脱恐惧心理。这要求我们完全相信自己，能接受任何信息，并相信无

论状况如何，我们都能毫不犹豫地采取最好的措施。做任何事都需要一定的自信。如果我们不相信自己能面对交通情况，我们就不敢过马路。从心理的角度来说，市场对我们造成的伤害和我们被车撞是一样的。要想成为成功的交易者，我们要相信自己在没有恐惧心理的前提下会赢，这样我们就能更好地评估状况并发现更多的选择机会。我的意思是，我们要进行必要的心理调整，消除限制我们注意力的心理，让我们能看见应该看见的信息。

第 11 章 为什么要学会适应

我们适应环境的能力和对生活的满意感之间有直接的关系。适应外部环境的变化意味着我们要改变自己，以了解更多环境的不同特点。环境的不同元素之间的相互影响方式越多，我们通过认知了解的不同特点就越多。我们认知的信息越多，我们就能更加深入地了解外部环境的因果关系，也就是了解环境如何影响我们，以及环境如何应对我们的行为。

我们的理解和洞察越深入，我们和环境的互动就越有效，我们就越能满足自己的需求并实现目标。满足了需求，实现了目标之后就能感到安宁、有信心，对我们的生活感到满意，否则就会感到不满、失望和颓废。成功、自信和满足都是一个意思，它们相互促进，让我们的心理进入了积极的循环并让心理成长了。同理，失望、不满和颓废也是相互促进的，导致我们的痛苦、焦虑和沮丧情绪进入了消极的循环。

要想满足我们的需求并实现目标，那么就要在内部心理环境和外部物理环境之间建立一致或平衡。我所说的"一致"就是指我们要知道外部环境的运作原理。我们的需求、意向、目标和渴望——首先来自心理环境，然后才能在未来的物理环境中实现。它们可以100%地实现，部分实现，或根本无法实现，这样我们就会相应地感到不同程度的满足或不满。

为了满足自己，我们就要和外部环境进行互动。我们恰当地综合考虑外部环境状况和我们已知的方法之间的关系决定了我们的满意程度。我们已知方法的多少决定了我们是否能采取最恰当的步骤。

举例说明：画一个直径6英尺的大圆圈，这个圆圈代表了这个宇宙的所有知识，这些知识不但是包括人类已知的，还包括其他未知的知识。然后在大圆圈里面画一个直径为2英尺小圆圈，这个小圆圈代表了人类已知的所有知识，换句话说，已知的就说明了还有多少未知的，这些知识都是关于人类和环境的互动关系。现在请在小圆圈里面画一个点，这个点代表了我们个人的知识、见解和理解。相对而言，这个点之外就是别人发现的知识（过去发现的和现在发现的），还有未知的知识，需要继续去发现。

大圆圈和小圆圈之间的空白之处是我们共同的未知的领域。环境中还有很多东西需要我们去体验。然而，在我们没有了解它们之前，我们是无法体验它们的。就像原子能，人们以前是不了解的，所以以前就不能体验它；然而，原子能已经在环境中存在了几十万年了，人类后来才发现它，才能体验它。这些元素都是隐藏的元素，需要人类去发现。否则，如果环境用我们未知的方式影响我们，我们要么认为这次经历是不真实的，要么产生了迷信思想，要么认为这是未知的事件，要么认为这是随机的现象，直到我们最后研究并明白了这个现象为止。当我们研究这个现象的时候，我们就能了解各种元素及其互动关系；过去我们以为是随机，研究后才会了解这些元素并产生体验。多年来，学院派人士都认为市场是随机的，这正好说明了他们不了解人性。如果你知道了恐惧心理的逻辑，你就会明白人们用非常符合逻辑的方式来影响价格。

小圆圈说明了人类在历史上已经发现和体验的知识。人类在历史上的发现会让小圆圈越来越大。比如，在中世纪，这个小圆圈也许只有现在的十分之一大小。因为每次新的发现给我们的心理环境添加了新内容，所以从那时开始我们一直在改变环境。换句话说，随着我们知识的丰富，我们就改变了自己认知世界的方式，这样人类的整体思想就在进化。

很明显，现在人类的知识非常丰富，即使是100年前的智者也会为今天的丰富程度感到惊讶的。100年前没有，但现在存在的任何东西（汽车、飞机、电话和计算机等）都是某个人发现后再和大家分享的产物，这些事物最终改变了环境的持续性和环境的组成。但人类起源的时候，所有这些事物都是有可能出现的。当人类仰望星空，向往登月之时，载人太空飞船的可能性就存在了。当然了，人们在当时是不会这么做的，直到我们掌握了足够的知识以后才有可能把愿望变成现实。但是，如果我们回到1889年，告诉一个40岁的人，他的曾曾孙子以后要登月，他会相信吗？他是不可能相信这么离奇的事的。因为他的心理框架无法接受这个说法，所以他是不会相信的。同理，我们现在也不知道100年后是什么样子。

小圆圈内的点代表了个人体验的世界，相对于人类的所有知识来说，个人的认知是有限的。相对于未知的事物来说，个人的认知是有限的。也就是说，所有个人的知识——所有的对物理环境的记忆、信念、不同的观点、联想、见解或理解——说明了个人的认知是有限的。故，环境中的信息总是比我们认知的信息要多，我们自身的限制没有让我们看到更多的信息。

我们未知的事物是如此之多，每个人对环境的影响可能对我们有利，可能对我们不利。每个人都在影响环境，环境则反过来影响每个人，影响的程度取决于个人的心理环境。所以，除非你我明白了每个人的行为方式和他们影响环境（你我之外的人）的方式，否则别人的行为就是未知的力量。

我们可以在小圆圈内画点，一个点代表一个人的知识，最终我们可以把这个小圆圈画满。如果小圆圈之内还有空白区，那么就代表人类目前还不知道的知识。我们可以把这些点形成块，因为我们每个人都和别人有不同的经历，所以这些块有重合的地方，也有不重合的地方，重合的地方就是大家一致的知识和信念。我们还可以用不同大小的点来代表每个人认知的相对多少，有时候我们的知识相对增加了，有时候我们的知识相对减少了。比如，代表小孩的知识的点要比代表成人的知识的点小。

在我们出生之前，物理环境就存在了——我们在出生时不可能和环境很好地互动并得到高度满意的体验。比如，如果我们的心理和物理环境100%地匹配，那么我们已经掌握了所有的知识，那么这些知识就会成为心理环境的一部分元素。既然是匹配的，我们就能完全了解物理环境中的一切力量，就能完全了解因果关系。我们就会知道环境会如何作为一种力量影响我们并导致我们产生体验，当我们通过我们的行为影响了环境后，还能知道环境是如何反应的。因此，我们就能知道如何通过最完美的步骤实现我们的需求、意向、目标和渴望，这样就彻底满足了。我把行为定义为心理能量对外部环境的影响，是一种物理表达。

很明显，我们和环境之间并没有如此完美的一致匹配，从这个角度来看，也可以说没有人会对生活感到非常满意。然而，我们对自己的行为和环境的互动关系越了解，我们就越容易满足我们的需求，实现我们的目标，这样就会在生活中感到更满足。相反，如果我们不了解自己的行为，我们就无法理解或预测任何人的行为，我们对环境元素的了解越少，我们就越没有可能满足我们的需求并实现我们的目标，这样就会感到失望、紧张、焦虑、不幸福和恐惧。

学习和体验的性质

正如我之前所讲的，我们在出生时并不知道我们必须在物理环境中有效地运作才能满足自己。然而，我们在出生后必须掌握这些知识。我们的内心深处会迫使我们掌握相关知识。我们的好奇心会迫使我们探索和学习。比如，一旦我们了解了某件事的本质，或完成了某个任务，我们很快就觉得无聊了并想尝试不同的事物。无聊感是一种内部力量，驱使我们探索新事物，了解新事物。

吸引力也是一种内在力量，迫使我们去探索环境，创造新的体验。如果拿走小孩好奇（他感兴趣）的某个东西，结果会如何？他通常会开始啼哭或发怒。啼哭表明内部环境和外部环境的不平衡，需要一种补偿。当我们已经研究了我们感兴趣的东西并得到了满足的时候，外部环境会让我们通过体验得到了内心的满足。满足之后我们就失去了兴趣，开始感到无聊，然后开始寻找新的有趣的东西。

我们本性的另外一个特点也说明了我们为什么要学习。无论何时，只要我们学到新技术，我们在潜意识中就掌握了这门技术，然后我们就可以自由地学习其他新东西了。要学会一门技术，我们要把这门技术细分为很多小步骤，并认真执行每个小步骤，直到最终形成有效的整体行为。我们太关注于每个小步骤，我们在聚精会神的同时就没有注意到环境中的其他事物。比如，当你在学习体育方面的新技术时，你想努力实现做到协调一致时，其他人却用一些无关的事让你分心。在这种情况下你发现自己很难聚精会神地做事。然而，一旦我们学会了这个技术，我们可以在分心的状态下轻松地使用这个技术。

如果我们没有这个特点，如果我们无法在潜意识状态下使用技术，我们就会像婴儿一样寸步难行。请想象一下，如果我们必须像婴儿一样亦步亦趋，按部就班地去拿东西，那会是什么样子。我们没有必要监视自己的眼手举动，我们的举动是自发的。我们必须学会这种方式。因为我们被环境中的事物吸引了，我们想通过感官去体验这些事物，所以我们能学会相关的技术。当我们学习某个技术时，我们能学会到自动地运用该技术，这样我们就不必关注每个小步骤了，这样我们的注意力就可以解放出来，我们的注意力就会去探索其他的事物了。

我们活着的功能之一就是学习。我们的好奇心会让我们去学习，我们感兴趣的事物会让我们去学习。从最基本的角度来说，因为我们活着，我们和环境互动的目的就是为了活着，所以我们要学习。然而，这并不意味着我们学到的东西都是有用的，不一定会让我们感到满足。我们在小时候无法控制自己应该学什么，不一定能了解外部世界的本质，不一定能了解外部世界的运行规律，我迟点儿再具体谈这个。

当我们把自己的点（例子中提到的点）扩大，对环境越来越了解时，我们和环境协调一致的能力也就提高了。当我们学习的时候，我们就改变了自己的内部环境的组成和一致性。每次改变内部的同时都会改变我们的观点，都会改变我们对外部环境的认知。当我们改变了内心以后，当我们有了新的认知和理解之后，我们就发现外部环境变了。每个新认知都会让我们看到更多的选择，这些不同的选择会让我们和环境更加有效地互动，这样就改变了我们的体验的性质。

似乎我们学到的知识和我们的生活体验满足程度之间有明显的关联性，但我保证并非如此。如果真的这么明显，那么大部分人就应该想到恶劣的状况、不幸福、不满的状态和缺少知识有关系，他们就不应该拒绝承认有些事是他们未知的，他们需要去了解未知的东西。

人的欲望总是永不知足的，满足了一个欲望，还有更大的欲望，直到我们学到了所有的未知事物为止。如果我们确实能做到无所不知，那么外部环境的结果和我们的心理环境应该是一致的。只有完美地了解自己——了解内部力量对我们行为的影响——和外部环境对我们的影响，我们才能实现内部和外部的完美一致。因为我们的知识都不够完美，所以我们可以这么想，对于在任何物理环境，除了我们自身的体验，如果我们做出其他的选择，一定能产生其他的体验，只是我们当时不知道还有其他的选择。我们在任何环境下的体验和我们的知识、见解和能力水平是一致的，这是我想说的要点。

我们学的越多，我们就越有能力知道未来的可能性。然而，前提是我们要承认，除了我们的期望和信念相信的事，还有其他可能性存在。请记住，我们已知的一切和我们未知的一切代表了我们当前的操作是有限制的，这些限制和中世纪的人认为地球是平的是一个道理。

如果我们不承认在任何状况下实际信息和选择比我们知道的还要多，那么我们就永远不知道还有更多的可能性存在，甚至是更满意的可能性。只要承认还有其他更好的步骤存在，我们就能开放地认知并学习这些步骤，这样就能更加满足。拒绝承认其他可能性的存在相当于在没有发明电之前不承认电的存在。如果我们总是坚信自己的观点，环境就会不停地攻击我们，导致我们感到紧张和焦虑。外部环境告诉我们事物的本质，但是我们却拒绝学习，所以外部环境会攻击我们。

实际上，我们可以通过观察自己的感觉来决定自己是否要学习以更加有效地在环境中操作。如果心理环境和物理环境之间是平衡一致的，那么我们没有理由感到失望、沮丧、困惑、紧张或焦虑。正是因为心理环境和物理环境之间不和谐，不一致，所以我们才会体验到不愉快的消极情绪。因为当内部和外部之间是平衡的时候，我们才会体验到快乐、幸福和满足。所以在任意时刻，只要我们感觉到了消极的情绪，那是因为我们要么没有采取适当的步骤，结果感到沮丧和失望；要么是我们不知道下一步该怎么办，结果是感到有紧张、焦虑和困惑。不管是哪种情况，我们的感觉都能告诉我们自己和环境之间的关系如何，并指出我们要学习什么才能得到更大的满足。

举例说明，如果我们对我们的人际关系感到不满，那是不是因为我们处理人际关系的能力差呢？是不是只要掌握了一定的沟通技巧——并实际运用了——就能实现更好的人际关系，让我们和别人的关系更加亲密？问题是，我们可能会认为适当的导致更加满足的技术并不存在，或是我们认为已经知道了该怎么办，如果此时我们感到了不满，那肯定是不可能会感到满足。如果我们接受了最后一种设想，即使环境向我们证明我们是有可能得到更大的满足（比如看到一对夫妻正在享受幸福），我们可能会认为他们是在假装幸福。如果是这样的话，我们就不必向他们学习了。

在第一种设想下，我们会去研究，学习，探索，这样就能实现高效率和满足。后面两种设想很明显只会导致更加不满。也许人不同，地点不同，但是我们会反复体验到同样的痛苦状况。这样的不满会一直循环下去，只有我们承认我们必须去学习并开始学习时，我们才会感到满足。

已知的事物会阻挠我们学习未知的事物

很明显，"活到老，学到老"这句话讲起来容易做起来难。实际上，承认自己还不知道有些事物，或承认我们知道的事物没什么用，这样会给我们的生活带来很大的矛盾。我们已知的事物会阻挠我们认知未知的事物，在这种状况下，我们如何能知道有未知的事物呢？这是一个比较矛盾的现象。比如，一旦我们认为交易是轻松的（一开始的几笔交易快速赚钱时就会建立这个信念），这个信念就会阻止我们认知到相反的信息，相反的信息则认为交易可能是最难的事业之一。不同的信念——交易很轻松或交易很难——导致我们在环境中认知到了完全不同的选择范围，根据我们的不同认知和不同的行为，就会导致完全不同的结果。

因为我们是通过特定的体验了解了某些事物，所以我们不会质疑我们已知事物的用处或有效性。也就是说，因为我们已经体验过了，所以我们不会质疑我们已经体验过的事。这意味着我们根据五个感官的体验来判断现实：感觉、视觉、听觉、嗅觉或味觉。这样就够了。一旦我们的体验在心理环境形成了记忆、信念或联想，那么我们就会认为是确定的，勿庸置疑的。

然而，如果我们不局限于过去，我们是可以学习环境中的任何事物的。无论是什么信息，我们会像海绵一样吸收这些信息。然而，一旦我们了解了这些信息，我们要么维护它，要么反对它（在心理环境中不愿意接受时），如果是后者，我们就不会更多地去了解环境知识，也不会深入地去了解自己。

拒绝信息是需要能量的，能量的消耗就是我们常说的压力。当我们阻止环境中的信息时就会感到有压力，这是最简单的定义。在物理学中，逆风而行差不多就是压力。风可以代表不同的环境信息，而这些信息是我们不愿意面对的；我们逆风而行代表了我们已知的——内心已知的事物在阻挠外部事物。当两者冲突时，我们就感到了压力。

生活中最大的讽刺之一就是每个人都希望自己是正确的。换句话说，每个人都认为自己已经体验的和学到的关于事物的本质是正确的。讽刺的是我们的感官——看到的、听到的、感受到的、尝到的、闻到的——也就是我们的体验决定了什么是正确的，每个人的版本都是不太一样的。然而，并不是说每个人的版本（环境通过体验提供的）都是有效的或有用的，它们和环境的互动不一定就能导致满意的结果。我们的心理环境中的事物并不一定就能帮助我们满足自己。

小孩子并不知道自己的体验是如何形成信念的,他对现实的概念在不同环境下是完全不同的。

因为他的信念来自他的情感和情绪,所以他毫无疑问地认为他的体验就是真实的。他并没有反思自己的体验,没有评估信念的性质。他无法知道这些信念未来对他有帮助,还是对他有阻碍,也就是说不知道是否能正确地表达自己。

这个小孩并不知道他的任何信念都会定义一个现实,从而排除了其他可能性,或他会把他的各种体验和环境联系起来,但是这种联系方法有限制性,不实用。当他用新的方式和环境互动时,他就自然放弃了很多信念。随着我们学习的知识越来越多,我们自然就有了新的选择范围,我们就不再相信过去相信的事物了。然而,如果很多信念中的能量是消极的,那么恐惧心理就会阻碍我们的自我表达,限制我们看到其他的可能性。

比如,一个人从小到大总是被父母轻视或批评,他知道自己的感受。在他的信念中,他和环境的关系是痛苦的。他自己肯定不知道,在他成长的过程中他形成了一个信念,这个信念认为他自己没有价值。这个概念就是指他没有考虑到自己成年后的样子,也许他永远不知道如何摆脱破坏性效果的影响。但与此同时,他害怕被人嘲笑,被别人小看的心理让他无法知道还有其他自我表达的方式。对于别人来说是很明显的可能性,对他来说,则是完全不可能的。

更大的讽刺是,我们越是承认我们的观点无效,我们就越有可能从环境中学到更多的知识。扩大自己的点,让外部的事物进入内部,随着这个点越来越大,外面的空间就越来越小,这样就增加了我们判断正确的能力,我们就和外部越来越一致了。

我们让自己学的越多,我们就越能判断未来的可能性。当你考虑到环境影响我们的方式有很多种时,有些方式我们知道,有些方式我们不知道，只有通过学习才能知道，那该学习什么呢？我们相信自己知道的越多，环境就会向我们证明我们知道的东西没用或无效。问题是，即使证据就在我们眼皮底下，如果我们不愿意去面对，去思考，我们的心理框架也无法识别出来。否则，如果我们都知道很多东西，我们就不会感到情绪痛苦了；如果我们知道如何和环境互动，我们就会感到满足。

因为人的性格是无法接受和自己内心矛盾的信息的，更不会积极主动地收集矛盾的信息，所以上面的结论是明显的。由于我们没有学会如何看出不同信息的差别，或是我们的信念阻碍了我们了解其他信息，所以我们要学会认知环境信息中的隐藏信息，这样才有可能帮助我们满足自己。我们还不了解的东西还在代表我们已知知识的点之外，以后会成这个点的一部分。我们不知道的信息可能意味着更多的选择并会带来更满意的结果。然而，因为我们并不知道什么是我们未知的，我们已知的事物会阻挠我们认识到其他可能性，我们以为外部世界提供给我们的东西就这么多，我们就会陷入一个循环之中，我们没有能力改变自己，导致自己陷入了困境。如果我们愿意改变，我们就会知道还有更多的选择，比我们的信念认为的选择还要多。我所说的改变是指确认并改变内心已有的事物，这样内部和外部就高度一致了。

我们和物理环境第一次接触后就会在心理环境中产生对物理环境的特定认知。当我们以后再和物理环境互动时，只要任何信息或可能性与第一次的体验一致，那么我们就会自动地排除其他信息或可能性。我再用第一次接触狗的小孩来说明，这个小孩出于好奇心而想和狗玩耍，结果狗咬了他。通过这次体验，这个小孩就会自然地把所有的狗和咬他的狗关联起来。这就成了一种心理障碍，这个障碍影响了他对其他狗的认知。

我使用了"自然地关联"这个说法是为了指出小孩在心理环境

中并不会主动地去想,是否狗还有其他的行为。这个关联过程是自动的,天生的,我们的思想自然就会这么关联。如此一来,他不必看到曾经咬过他的狗,任何狗都能让他想起以前的痛苦体验。他第一次接触狗的体验是痛苦的,他就会自然地把以后和狗的接触以及痛苦的体验关联起来。无论他的关联多么错误,无论环境如何证明大部分狗都是友好的,因为他已经了解狗了(不是一只狗,而是所有的狗),他的心理系统不再接受新的信息,所以他不会相信自己的关联是错的。

然而,如果小孩和狗的第一次接触的体验是积极的,他就会愿意和任何狗玩耍,除非后来产生了痛苦的体验,比如小孩被狗咬以后,他不会自动地把所有的狗和咬他的狗关联起来,这是因为他已经知道了环境提供的体验不仅仅是痛苦。他会了解到一个新信息,那就是并非所有的狗都是友好的,所以他就会谨慎地和狗接触。当他确定了狗是友好的的时候才会和狗玩耍。

那个第一次体验到痛苦的小孩并不知道狗能给他带来快乐。因为他没有和狗玩耍过,即使环境给他提供了机会,他也不知道狗能给他带来快乐。除非他愿意战胜恐惧心理,否则他是不愿意去学习的。已知信息产生的能量会阻碍或拒绝他看到关于狗的本性的所有其他信息。

只要你愿意,你可以把任何知识告诉小孩,哪怕这些知识完全是错的。因为小孩经历的一切都会成为他的一部分,所以小孩会相信你说的话。我们所体验的一切都会成为我们的一部分功能。我说"功能"是指,一旦我们内心了解了什么,不管是什么,它都有可能影响我们的行为。所有的功能元素合在一起就是体验、信念和联想的记忆,记忆作为内部力量形成了我们对环境的认知。

正如你所知,我们害怕的事物都是我们在以前通过体验感觉到害怕的事物。当我们感到害怕时,那是因为我们认为环境状况是具有威胁性的。然而没有这种痛苦体验的人则对环境状况有不同的看法，这个看法和他们以前的体验则是一致的。一个人会认为环境具有威胁性，而另外一个人根据自己内心的认知则会认为是一个机会。换句话说，他们的心理环境中已经存在的经验会决定他们如何认知环境状况，要么是能带来快乐的机会，要么是能带来痛苦体验的威胁，要么是介于两者之间的认知。因为每个人都是根据自己过去的体验来认知环境的，所以他们谁也改变不了对方的认知，这是一个很有趣的现象。

不到迫不得已的时候，我们是不会质疑自己的认知价值的。有什么办法能让我们承认我们还要继续学习？痛苦！当我们感到极度失望或紧张、焦虑的时候，我们不知道下一步怎么办，对于自己的结果，我们又无法推卸责任的时候，我们就会承认必须继续学习。

如果我们再回到"认为交易是容易的"的例子，既然我们已经知道了交易是容易的，那么我们如何会认为交易是困难的呢？我们凭什么要质疑这个信念的有效性？是因为没有实现目标时的失望痛苦情绪吗？一旦我们质疑了信念的有效性，会如何？大量的信息会告诉我们如何提高自己的一致性以更加有效地和环境互动。然而，除非我们自己想到的东西完全是新的，否则我们会发现环境中的所有事物都是已经存在的。我们已知事物的能量阻碍了我们了解未知的事物，这是唯一的障碍。问题是，如果学习新事物就意味着要改变我们已知的事物；无论我们已知的事物和我们要学习的事物多么不协调，我们都会本能地拒绝学习新事物。一旦我们学到了新事物，新事物就会阻碍我们认识能带来其他选择的信息。即使是小孩，哪怕他们已知的信息再没用，他们也不愿意接受和他们已知的信息相反的信息。

所有的学习其实就是一种改变，改变我们已知的事物是学习的过程，了解新事物也是学习的过程。如果我们的内心拒绝改变——

产生更多的不同观点并改变我们的视角——那么我们就无法学到应该学习的事物，无法在外部环境中产生不同的体验。如果内心没有变化，那么也就看不到外部有变化，我们就陷入了痛苦和不满的循环之中。更糟糕的是，我们会继续痛苦下去，直到我们感到太痛苦了，实在没有办法，被迫去重新评估我们是如何管理生活的，也就是重新评估我们的信念是否有用。

已知的事物会过时

除了我们的局限性（已知的事物会阻止我们学习未知的事物）会让我们陷入不满的循环，学习如何改变还有更实际的原因。为了满足需求并实现目标，每个人都被迫要不停地和物理环境互动。我们已知的事物会决定我们和环境的互动方式，会决定我们对环境的看法，会决定我们的选择，会决定我们的行为。如果你回忆一下，物理环境中的一切都在不停地运动。任何在运动的事物（包括所有的由原子和分子组成的物体）会一直在变化，所以说物理环境的自动功能就是变化。

心理环境是由积极的或消极的能量组成的，这些能量包含了我们的体验信息，我们学到的事物形成了有组织的看待物理环境本质的模式，我们把这些模式叫做信念和概念。能量不是由原子和分子组成的，所以不会随时间改变。实际上，能量的存在方式和我们理解的物理概念不同，不能靠感官认知。电能或化学电能可以存储在电池中，电能要传达的信息也存储在电池中。也就是说，时间无法改变能量的性质（积极或消极的程度），不会改变我们对环境信息的认知，不会改变环境影响我们的方式。

根据不断变化的外部环境改变心理环境并非是自动的过程。关于物理环境的信息，无论这个信息多么过时，多么没用，多么有害，它可以长期存在于我们的心理环境中而不会发生变化，甚至一辈子都不会发生变化。这些过时的知识会不断地影响我们的行为，导致我们用不当的方式和环境互动。即使我们对生活的某些方面感到满意了，我们也不能想当然地认为已知的环境就一直不变了。外部环境一直在变化，对我们产生了不同的作用力，为了适应环境，我们就要去学习，去改变。以市场环境为例，有时候市场的波动很明显，有时候市场的波动不明显，但市场一直在波动。问题是，环境一直在变，即使我们感到了某种程度的不满，我们也无法识别这些变化；即使我们一直很警觉，我们学到的知识也会过时的。

第 12 章　实现目标的动力

第一，我们先明确需求，制定目标，然后才能在一定程度上满足需求，实现目标。听起来很简单，但并非如此。我们的好奇心和兴趣是非常强烈的内部力量，它制造了需求，让我们和物理环境之间不平衡，直到我们满足为止。当我们对特定的事物产生了兴趣的时候，因为我们的信念、联想和记忆等内部力量会成为一种阻碍，导致我们很难看清可能性或制定计划。我们必须知道我们的需求或兴趣和内部阻力之间的关系及可能的冲突。

第二，我们对外部环境的了解程度会决定我们满足需求和实现目标的程度。（我们的理解深度和我们表达方式有直接关系。）

第三，我们和环境互动的技术会决定我们满足需求和实现目标的程度。

第四，我们使用技术的能力会决定我们满足需求和实现目标的程度。

我们想要的、期望的、渴望的和我们实际得到的之间的差别表明我们不知道要学什么，或还没有掌握适当的技术去做应该做的事。对于第一种情况——我们不知道要学什么——的原因是我们没有能力客观地（不抱幻想）评估我们从环境中想要的东西或需要的东西。换句话说，我们想要的东西并不存在，或数量不够，或在当前的时间框架下不存在，但我们的心理框架无法在事前让我们明白这点。

有时候我们没有能力去区别不同的事物，这样我们想要的东西即使存在了，我们也不知道。在这种情况下，当我们明白了之前不明白的道理时，我们最终会对自己说："要是我早点知道就好了"。很多时候，我们竟然不知道只要自己转换一下视角就能得到我们想要的事物。当然了，正是因为我们不知道要了解新事物，所以我们没有了解新事物，没有得到我们想要的事物。如果我们的心理框架知道这些问题，除非有什么事会阻挡我们的认知，否则我们就会了解到新事物的。

  我想补充说明，当我们和别人互动时，如果在正常情况下得不到我们想要的事物，我们就会采用一定的手段强人所难，我们的做法相当于迫使他们改变他们的信念。如果他们的信念和我们想要的是一致的，那么一切就是和谐的，我们也就不必迫使他们这么做了。如果他们已经相信了某件事，我们是没有必要迫使他们去做的。如果我们采取了一定的手段，这样他们的内心就会不平衡，以后他们会通过报复我们的方式来处理内心的不平衡。大部分人都想改变外部环境，以满足自己的内部环境。但实际上我们能做的则是改变自己的思维，然后才能改变自己的体验。

  对于第二种情况——我们没有适当的技术，不能去做应该做的事——也许我们知道最适当的步骤，也知道如何客观地评估我们想要的事物，但是这并不意味着我们有适当的技术去采取这些步骤。和环境相比，要想得到我们想要的事物，我们有可能低估了技术的难度，也有可能高估了我们的能力。另外，即使我们掌握了适当的技术，有些信念或恐惧心理也会阻碍我们执行这些步骤，导致我们无法完成目标。我们可以意识到这些信念或恐惧心理，也有可能意识不到这些信念或恐惧心理，也就是说在潜意识里面。我把潜意识定义为我们无法直接通过思维接触的体验。比如，有些人害怕下水，这是有意识地害怕，但是他想不起来自己和水产生过痛苦的体验，他也不知道自己为何要这样表达自己。

区分回忆和记忆很重要。我们在环境中的体验最终形成了记忆，我们把记忆带入思维的过程就是回忆。因为有些记忆被经常使用，所以我们比较容易回忆。换句话说，我们知道如何记住某些记忆。然而，有很多其他的体验变成了潜意识。因为我们并不使用这些记忆，所以我们把这些记忆忘掉了；或是因为一开始就没有意识到，没有认知到这些记忆，所以就变成了潜意识。我想强调的是，没有回忆到并不等于心理环境中的记忆消失了。我们回忆小时候学到的信念的能力，或我们回忆特定体验的能力，都和心理元素如何影响我们的行为无关。物理环境中的时间也和心理元素如何影响我们的行为无关。随着时间的推移，也许我们回忆某些体验的能力越来越差，但是时间对能量的性质没有影响，对能量中的情绪力量没有影响。举例说明，"时间是最好的疗伤办法"这句格言对心理环境没用，因为肉体属于物理环境，物理环境中一切都在运动之中，所以随着时间的推移，肉体创伤是可以恢复的。然而，因为心理环境并非是物质的，所以时间无法影响记忆。心理环境中的能量并不随时间变化。

除非我们知道如何释放情绪创伤或改变情绪创伤，否则，情绪创伤（消极的心理能量）是永远不会消失的。对于情绪创伤，因为人们可以在很多年的时间里不经意地忘记了痛苦，或重新建立了一套信念系统，这套信念系统可以屏蔽情绪创伤，所以人们会认为是时间治愈了情绪创伤。实际上，我们喜欢拒绝承认心理受伤了，我们喜欢隐藏自己的情绪创伤，这种做法会让消除情绪创伤变得比较困难。对于身体上的创伤，我们是不会忘记的。如果你的腿断过，因为你无法行走了，所以你能记住。如果恢复情况不是很理想，你无法正常行走或行走时感觉疼痛，所以你会记住的。但是，对于情绪创伤，因为我们不愿意为自己的不满和情绪痛苦承担责任，这样就能避免消极能量的影响，所以情绪创伤并不是那么明显。

我把这点指出来的原因是，我发现大部分人很难相信童年时的经历还会影响他们成人后对环境的认知，还会影响他们自我表达的方式。当我这么说的时候，你认为还有其他的可能性吗？我们经历的一切都成为了心理环境中的一部分元素。所有的因素作为内部力量，会影响我们对外部环境的体验。再次说明，我们不必记得以前感到恐惧的原因，我们同样会感到恐惧。因为我们可以找理由说自己吸毒了，酗酒了，此时意识有限，所以也会感到恐惧。然而，无论我们多么努力地排除内心的情感，都是徒劳无益的。否则，我们是没有必要在一开始就努力阻止情感的。无论我们是否愿意回忆痛苦的过去，记忆中的消极能量会让我们感受到痛苦，所以说恐惧心理还是存在的。

对于记忆、信念和联想，随着时间的推移、滥用或把它们放在潜意识深处，都无法让它们消失。除非我们有能力管理好它们，否则它们可以永远作为能量，影响我们从环境中选择信息，影响我们的自我表达。为什么改变一个习惯这么难？为什么执行完美的计划这么难？这是因为我们内心的东西在阻止我们的意图。想做某件事的意图并非一定是信念。换句话说，我们想做很多事，只是有一部分事符合我们的信念、记忆和联想；有些事不符合我们的信念、记忆和联想。如果是符合的，因为我们要做的事和我们的信念、记忆或联想没有冲突，所以我们就能不费吹灰之力地做。然而，如果我们想做的事和我们的信念、记忆或联想不协调，那么做事的时候就感到很难，我们无法聚精会神，容易分心，甚至会犯愚蠢的错误。

举例说明，有个人喜欢抽烟，他觉得这是坏习惯，决心戒烟。他的意图就是戒烟。然而，当他抽完最后一支烟的时候，他的信念还是让他想抽烟，最终他还是抽了。这个例子说明了意图和信念是冲突的，而且意图本身得不到真正的支持。也就是说，你并没有一个合理的信念说："我不抽烟"。只有他的意念决定改变自己的时候，他的能量才会影响他的行为。然而，他的意念无法立即去除多年来信念中所有的能量。这些信念有很大的能量，从而影响他的意识（想抽烟）和行为（开始抽烟）。

即使有内部力量（信念、记忆和联想）支持我们做某件事，如果我们内部还有其他冲突的信念，那么我们在做事时还是会举步维艰。当潜意识或忘却的信念和我们的意图矛盾时，我们就会犯愚蠢的错误。交易能很好地说明这一点。很多人花费了大量的时间、精力和金钱，他们想表明自己是交易者。他们学了很多交易知识——他们的同行都认为他们很厉害——但是他们仍然无法按照计划执行交易。有些交易者每天都在赚钱，但是最终他们遇到了瓶颈问题，一两笔交易就让他们把利润回吐了。他们回吐利润的方式和他们赚钱时的交易风格完全不同。当他们亏了很多钱以后，他们又恢复了正常的交易，周而复始。这种行为不是意外，必有其原因。

这些交易者显然开发了有效的赚钱策略——他们肯定有高度的信念，以支持他们作为交易者的自我表达。然而他们没有确认并去除其他的影响赚钱的信念（有意识地或无意识地）。比如，很多宗教观点和投机是冲突的。这些宗教观点认为拿了别人的钱，却没有提供任何服务是不好的。交易行为和宗教观点是不一致的。还有一个典型的例子是，大部分人在成长过程中接受的教育告诉他们要有职业道德。他们对工作有严格的定义，对赚钱方法有严格的定义。交易根本不符合这些定义。

所以，无论交易者的交易策略多么高级，他们的交易行为和他们的信念之间还是有冲突的。当这些冲突的能量越积越多时，交易者就无法遵守交易规则了，或无法赚钱了。很多时候，交易者知道自己要犯错，他们只是看着自己犯错，他们对自己感到无能为力，他们这么做的原因就是为了补偿自己不平衡的心理环境，当他们亏损了足够多的钱以后，他们就心满意足了。

当这种事发生的时候，如果我们不明白具体的原因，如果我们对自己要求过高，我们就会产生无能为力的感觉。因为内部力量控制了我们，控制了我们的行为，所以我们感到无能为力，甚至是恐惧。如果没有意识到这个问题，如果没有应对这个问题的工具，大部分人就会试图在心里建立一扇围墙以阻止这些力量。很明显，他们的方法没用，会使情况更糟。此时他们很容易胡乱做事。举例说明，酒鬼知道自己喜欢过量饮酒，最根本的原因是，酒鬼喜欢通过过量饮酒的方式回避自己无法控制的内部力量。他越是刻意回避，力量就越强，他就越想喝酒以回避。他喝的越多，他就越认为外部环境很糟糕，其实这反应了他的内部环境很糟糕。最终，物理环境，也就是他的身体垮了，或内部环境也垮了，问题太严重了，他再也无法回避自己的真实状况了。然后他会说："是的，我是酒鬼，我需要做出改变"，这等于是在说："首先必须重视导致我过量饮酒的原因"。

我想说的要点是：忘记痛苦的记忆或忽视已有的违反意图的信念并不会减少它们对我们行为的影响。如果我们想改变不想要的行为，我们必须改变自己的内部源头。通过治疗情绪创伤以摆脱恐惧心理的限制、改变能量的性质或释放能量，这些都是我们要学习的方法，以管理好我们的心理能量。如果人们知道管理自己的信念、记忆和联想，那么以前提到的强迫意识痛苦循环不会一开始就表现出来。

目前我发现有三个力量会影响我们的一生。第一个是所有的外部环境力量，外部环境力量有可能就是因，个人的体验就是果。我们会了解部分外部环境力量，有些则不了解。我们了解的程度和我们满足需求并实现目标的程度是成正比的。所有的外部力量——我们知道的和我们不知道的——都在变化并影响所有由原子和分子构成的物质，生成我们知道的事物——会没用了——随着时间的推移而变得过时了。比如，你现在坐着的椅子以后会腐朽的。现在你相信你可以坐在这张椅子里，以后这张椅子就无法承载重量了，那么椅子能承重的信念就过时了。

第二个力量是我们的好奇心，这是内部力量，好奇心会促使我们去探索、学习并按照似乎提前预定的方法和环境互动。比如，我们对有些事情感兴趣，对有些事情则不感兴趣——有些人一直想成为音乐家、消防员、医生，他们实现了目标时就会感到深深的满足。然而，如果环境迫使我们去做我们不喜欢的事，我们就会感到莫名的空虚，似乎失落了什么东西似的。我们的内心深处决定了我们感兴趣的事物。好奇心是强大的自我表达的力量，迫使我们在物理环境中创造我们想象中的事物，或在物理环境中追求我们感兴趣的事物，这些事物和我们以前被告知的相信的外部环境力量及内部心理力量是冲突的。

第三个力量是信念、记忆和联想表达出来的心理力量。虽然信念、记忆和联想是心理力量，它们和好奇心力量不同。我们在物理环境中的经历形成了信念、记忆和联想，好奇心力量则不同，好奇心是天生就有的。好奇心力量似乎是提前定好的心理感觉或基因编码。有些信念、记忆和联想是积极的，有助于我们和物理环境有效地互动并得到一定程度的满足。然而，有些信念、记忆和联想则是消极的。因为我们的很多信念、记忆和联想让我们锁定于已知的事物，阻止了我们的好奇心，所以导致我们失败了，感到痛苦和不满。换句话说，它们作为一种力量阻碍了我们的心理成熟。

因为我们要和物理环境互动才能满足需求并实现目标，要想得到更高程度的满足，关键是深入地了解这些力量的本质。也就是说，我们要不断地学习。唯一阻止我们不断学习外部力量本质的就是信念、记忆和联想形成的心理力量，它们会阻止我们的好奇心，有时候甚至会彻底地不让我们学习。

有句格言是这样说的:"你无法让老狗学会新把戏"。这句话是有点儿道理的,除非老狗愿意学习新把戏。任何人,任何年龄都可以学到新东西,问题不在于能力,问题在于阻力和拒绝。我们已经相信的很多事物都会成为阻力,我们会说:"算了吧——我什么都知道。"当然了,用这种态度对待环境是不好的,结果常常很惨。有些人就是因为采取了这种态度,结果得到了糟糕的结果,然后他们才会承认原因是他们拒绝心理环境有任何变化。当然了,这种无所不知的态度在别人身上是很容易识别的,关键是要学会如何认知自己,因为我们的信念、记忆和联想在管理信息时都有这种倾向。

要想坚持学习,我们就要学会改变。要想改变,我们就要学习特定的心理技术,这些心理技术能够升级、修改、替换或改变心理环境中各种元素的性质(积极或消极),这些心理元素会限制我们的认知力,会阻止我们和物理环境更加一致。只要有意识地改变,我们就能学会通过更好的方式更好地满足需求并实现目标。请注意:满足需求和实现目标也是为了满足我们的好奇心,我们的信念、记忆和联想会阻碍我们的好奇心。

要想改变,我们就要不断地学习和改变。这要求我们摆脱信念、联想和记忆的限制,愿意学会如何管理心理能量,这样我们就能消除痛苦记忆的消极影响。当我们学习如何改变痛苦记忆的性质的时候,我们就再也感觉不到痛苦了。当记忆的消极属性被去除以后,记忆就不会让我们产生恐惧心理了。恐惧心理只会让我们聚焦于害怕的事物,总是阻碍我们认知到更多的选择。我们总是避免产生恐惧心理,结果反而是产生了恐惧心理。请注意,记忆的性质可以被改变,但记忆的结构并没有改变,这一点很重要。换句话说,我们不会忘记自己的体验,这样我们对物理环境的本质仍然有自己的看法,我们还可以用到这些体验。当我们把记忆的性质从消极的变成了积极的的时候,我们的记忆就不能产生恐惧心理了,如此一来我们就能认知到环境中所有的其他选择，并产生体验。

这种要求改变的心理最好不是来自绝望。在状况变得糟糕之前，在我们变得绝望之前，我们就要学会如何识别我们必须知道的事物。要想做到这一点，我们要在心理系统中加入三个观点，这样就能和环境保持健康的关系，并产生积极的能量，我们的体验带来的好处则会驱动我们愿意这么做。

第一个观点是，我们并没有学到所有的应该学到的东西。结果是，总是有很多未知的力量在影响着我们，我们要意识到环境中的一切。因为我们的意识天生无法做到随时意识到所有的信息，所以我们要不断地学习，活到老，学到老。否则，我们只能根据我们相信的观点来选择信息。

第二个观点是，我们要么被迫学习——外部环境迫使我们学习；要么选择去学习——就像好奇心一样，是内部力量的表达——也许不能有效地满足我们。

第三个观点是，因为环境状况在变化，所以我们要根据环境的变化来判断学会的事物是否有用有效。换句话说，要想感到更满意，更幸福，我们要学的东西常常要求我们部分放弃或彻底放弃我们已经学会的东西。拒绝改变我们已知的事物相当于认为自己无所不知，不愿意继续学习。当然了，如果我们一直很满足，我们就不需要改变了。只要我们对环境感到不满，这就意味着我们要学习新东西。

当下的完美

如果你接受了前面的三个观点，你就会明白任意时刻都是你进步状态的完美指标，能告诉你要在哪个方面进行提高。比如，假如说一个交易者的目标是赚钱。他认为有赚钱的机会，他建仓了。然而，他害怕出错，结果恐惧心理影响了他对信息的认知，阻碍了他意识到表明他错了的证据。恐惧心理是自发的，它会告诉我们有危险状况，让我们回避危险。什么事物会具有威胁性？本例和大多数情况一样，过去经历累积的痛苦和内心的屈辱具有威胁性。如果市场——或任何人——给他的信息和他想要的信息是冲突的，恐惧心理就会让他产生扭曲的认知，或他会对提供信息的人大喊："不准这么说"，这样他就不会感到痛苦了。因为他在回避信息，这表明市场提供的和他想要的或期望的可能有出入，所以恐惧心理产生了他极力想回避的体验。如果市场确实对他不利，他可能都不愿意面对证据，除非认错的代价更低，这意味着他的亏损太大了，再亏就受不了了，认错比较好，此时他才会认错。

和上例中讲到的交易者一样，我们努力的结果会在环境中反应出来。目标就是我们把意图投射到了环境中，需要在未来实现。我们认为缺少了什么，才会产生需求的。当我们有了需求时，我们就自动地关注环境，寻找满足需求的方法（路径）。我们的认知减去被恐惧心理阻挡的认知就是我们认知的环境信息（洞察力的性质和深度）。我们的认知、我们采取的步骤和我们掌握的技术减去冲突的信念、记忆和联想，决定了我们满足需求的自我表达方式，导致在任意时刻我们和环境的互动能表明我们知道什么，还能表明我们是如何根据我们知道的事物行动的。

当我们否认任意时刻都是完美的，我们就否定了能帮助我们成长的信息。要想有效地自我表达，我们需要学会技术，对于任意技术，都有一个开始点。为了找到开始点，我们就要接受每个结果都反应了我们的现状，这样我们才能知道自己需要什么样的技术并知道如何学习。如果没有这个开始点，我们就是根据幻想在操作。

我们以为自己懂的比做的多，做的比能做的多，这样的信念就是幻想。我们错误地以为我们的认知和环境提供的信息是一样的，这样就阻止了自己看到相反的信息。我们应该把任意时刻都当作了解自己的机会，这样我们就能知道我们还要学什么，如果我们认为自己已经很完美了，不需要学习，那么就是幻想。当然了，如果每个人都处于理想状态，那么当计划没有实现时，我们就不必抱怨、找借口或据理力争了。

"我要是""我本该""如果是"这些说法都说明了我们在幻想，我们在放任自己。这些说法意味着我们在任意时刻都要把所有的因素都考虑进去，做到最好——有意识地或无意识地——影响我们的认知和行为。承认并接受这才是最完美的状况给了我们一个真正的开始点，这表明我们要学什么，这样才能对环境有不同的认知，或我们需要如何发展才能有不同的反应。

如果上例中提到的交易者想成为有效的持续一致的成功交易者，他需要做一定的自我提升。他要明白市场永远是正确的，只要他的心理框架对行为的影响不是太刻板，他就能根据市场的正确性赚钱。他必须改正害怕犯错的心理，这样他就能客观地看待市场。否则，他害怕犯错的心理会导致他犯错。他还要制定明确的交易规则以指导自己的行为，并学习如何遵守这些规则。如果他严格按照确定的交易规则交易，他的亏损就不会越来越多，他就不会痛苦地爆仓。然而，如果他拒绝承认自己目前的状况，把亏损的责任怪罪给市场，或推卸责任，那么他是在幻想。他会拒绝接受自己，实际上，他放弃了学习本应该去学习的信息。

我们必须面对真实的自己，这样才能面对真实的外部世界。我们的幻想越少，我们就不会阻止可以得到的信息，我们就能认知到更多的反应真实状况的信息。可以得到的信息指我们可以认知到的信息。我们阻止的信息越少，我们了解的信息就越多。我们了解的越多，我们就能更轻松地预测外部环境在特定的状况下会如何反应。否则，我们就不会去了解环境，不会了解自己。

没有人愿意承认我们认知到的都是自己的弱点。但我们确实要发现自己的弱点才能成长。否则，建立在酒精和毒品基础上的幻想一定会破灭的，会导致产生非常痛苦的意识。和幻想导致的强迫意识相比，面对真实的环境和面对真实的自己并没有那么痛苦，只是痛苦来得更直接。然而，当我们面对自己的内心的时候，第一步要做的事就是打破不满的循环，把不满的循环变成成功的循环。面对现实状况，确认要学习什么，然后开始学习，并一路调整，除此之外，还有更好的实现目标的方式吗？

所有的交易者都能得到他们应该得到的东西

交易者建仓，然后选择平仓，这个决策过程是所有心理元素互动的结果。如果我们要搞清楚这些元素，计算它们的能量，把积极的自我评价减去消极的自我评价，最后的结果就是自我价值的净值。这个自我价值的净值和我们每天、每个月、每年每笔交易赚的钱是一致的。同理，和亏的钱也是一致的。

我知道人们很难接受这个概念。然而，除了知识和技术，我们还要考虑什么？我们在交易时制定了自己的规则。除非保证金不够了，经纪公司会强行帮我们平仓，一般是没有人逼我们进场或出场的。在任何一笔交易中，有很多赚钱或亏损的可能性。对于每种可能性，我们的认知和各种内心元素决定了我们的做法。我们的决定和我们的执行力决定了我们的真实结果，我们的执行力也受很多心理元素的影响，这些都形成了我们的自我价值。

交易就是累积金钱的过程。一旦我们学会了如何交易（发现机会并执行交易），谁会为结果负责？实际上，如果交易者画出了自己的资金曲线，资金曲线就会反应出他们每天、每个月或每年的内部冲突或想法。资金曲线就像典型的市场竹线图或点数图一样，显示了支撑区、阻力区、整固区、上涨、下跌和回调。这些模式反应了交易者的心态，就像市场反应了所有参与者的心态一样。

如果交易者学会了研读图表，这些图表就像市场图表一样具有预测价值。有经验的经纪公司在管理基金的时候就会用这种管理图表的方法管理他们的商品交易顾问（员工）的资金。他们会根据每个商品交易顾问的资金曲线图来改变商品交易顾问管理的资金量。换句话说，一旦你的资金曲线创造了新高，就像市场的大行情一样，肯定有人想落袋为安了，资金曲线就要回撤。

作为个人交易者，如果我们想赚到越来越多的钱，我们要学会如何评价自己，这样我们就能相信自己能赚到很多钱。突然而来的利润可以快速累积财富，要想保住这些利润，我们必须有内部的支持。大部分时间这种支持是不存在的，所以在交易界最容易上演从穷人到富人，再从富人到穷人的故事。当然了，评估自我的第一步是接受我们的真实起点。也就是说，我们必须自己承担责任，以了解市场，了解自己。最终，我们所做的任何事都和我们的自我价值有关，这就是为什么每时每刻我们的自我价值都在变化的原因。我认为最好的增加自我价值的方式就是承诺要成长。

第 13 章　管理心理能量

也许你会问："管理心理能量"是什么意思？我们有很多种管理心理能量的方式，但是我们从没想过这点。比如，当我们的情绪受伤（比如被侮辱了）后，我们的情绪能量就加剧了，然后我们变得很愤怒，是不是这样？我们是如何发怒的？因为我们感到被侮辱了。根据思维内容不同，我们的思维能够给伤口增加能量或减少能量。如果我们的思维是毁坏性的，那么我们就加剧了伤口中的消极能量。毫无疑问，我们可以决定消极能量的程度，也可以决定何时停止加剧消极能量，也可以决定增加积极的能量。然而，如果消极能量很大，停下来就很困难。和通过一次经历疏导消极思想相比，是不是在自己愤怒的时候控制心理能量更难？

同理，如果我们的思维是积极的，我们可以去除伤口中的情绪能量。我相信本书的读者都已经注意到了，如果一个人很生气，他是听不进去任何意见的。当我们听不进去别人的理由时，我们等于不愿意管理自己的心理能量。一个人生气时不愿意接受别人的意见，是因为他知道别人的意见会改变他的感受。他知道如果自己改变了自己的观点——就会改变自己的感受——他就会对外部环境有不同的体验。如果他不愿意改变——不管有什么好处——他就不会改变思维以体验到那些好处。这些例子说明了我们喜欢根据自己的意愿控制自己的心理环境。当然了，如果为了毁灭性的目的而管理心理能量是可能的，那么也可以为了建设性的目的而管理心理能量。这里的关键概念是意愿和目的。意愿就是指有意识地指导思维去改变内部没用的东西。

思维是非常有力的工具，会在心理环境中引起变化。我们可以利用思维去改变、转换、增加、去除不同的心理元素的性质。思维是一种能量形态，也许和电或光没什么区别，它们会影响物理环境，当我们说出我们的想法时，我们就对物理环境产生了影响，同样还会影响心理环境。当我们用思维去指导内部时，我们基本上是把一种能量当作是工具，我们用这种能量改变了另外一种能量的持续性和组成，就像我们的思维改变了一个信念，或去除了痛苦记忆中的消极能量一样。

正是因为思维内部有天生的力量，所以人们对于外部信息（其他人表达的思想）是有防范心理的。每个人都本能地认为，如果我们让自己想到了某些事，这个思维过程就会改变自己内部的事物。一旦内部的事物发生了改变，我们对外部的认知和体验就不同了。如果我们现在不想改变内部和外部的关系，我们就会有意识地回避对这种关系有威胁的信息。改变的前提是愿意改变。

我相信，如果我们不愿意让自己的心理更加成熟（更多地了解自己），如果我们不愿意有意识地让自己的心理更加成熟，那么我们就不会去思考、分析和创造。我们在感到痛苦和不满的时候可以通过思考、分析和创造等能力找到出路。痛苦的记忆会导致我们陷入痛苦的循环之中。所以在本质上，我们天生的思考和分析能力是为了帮助我们治疗情绪创伤，这样我们就能认识到环境中有用的事物以克服恐惧心理。我们要通过学会管理心理能量以学会治疗心理创伤。通过把痛苦的记忆放在潜意识中以忘记痛苦的记忆，这种方法并不会减少痛苦的记忆对认知的影响，也不会改变我们的行为。

我们天生都有创造的能力。我们可以脱离信念、记忆和联想而进行思考，这样可以了解环境的真实情况。摆脱当前的限制（信念、痛苦的记忆和错误的联想）并进行分析的能力或我们创造性想象的能力可以让我们在痛苦的基础上成长、提高和进化，我们个人如此，我们的文化也是如此，这是一种补偿的力量。然而，你要注意：有能力做这件事，不代表有能力做那件事。必须先掌握了技术，才有能力去做事。举例说明，我们可以通过想象把满足需求或实现目标投射到未来，但这并不意味着我们创造性地使用了想象能力，我们只是通过想象把记忆中已有的或已经相信的事物投射到了未来。我们的思维也是同理，大部分情况下思维来自我们当前的信念和记忆，这样我们的思维和现状是一致的。要想创造更理想的未来的我们，我们就要把想象投射到未来。我们投射的事物和内心已经存在的事物有直接的关联，除非我们想象的事物和我们已知的事物不同。

别人教给我们的规则和我们自己制定的规则才是真正的限制，它们限制了我们的思维，我们不应该局限于我们相信的事实或我们已经体验的事实。无论内部和外部有多少规则，哪怕我们的思维违反了规则，其实我们的思维可以自由地探索任何可能性并采取行动。如果我们不想思考如何实现更加幸福更加满意的生活，不想做出改变，那么我们就不会去思考、分析和创造了。

在同样的一直变化的环境中我们一再感到同样的痛苦，这表明我们没有看到其他的更满意的选择。我们认知的事物和已知的事物是直接关联的。要想看到其他的选择，而不是我们的信念、记忆和联想锁定的认知，我们就要了解未知的事物。所以，要想摆脱不满的状况，我们就要开放思维，思考未知的事物。环境总是给我们提供了机会，能给我们带来爱、和谐、幸福和成功，或者是绝望、失望、愤怒、憎恨和背叛。因为在任意时刻环境并不知道解读自己的信息，所以我们的内心能决定我们的结果。每个人都是这样。还记得第10章里面免费送钱的例子吗？你可以选择漠视，也可以选择感到恐惧，但是你还可以选择快乐的现实——任何人想要钱，这个人都会给钱的。不同的解读就代表了不同的现实。

创造力意味着成长和改变。创造这个单词意味着带来以前没有的事物。如果事物已经存在了，那么就不是创造出来的。要想正确地使用我们的想象，我们必须想到我们已知事物之外的其他事物。如果你不知道如何做到创造性地想象，你可以考虑质疑内心某些事物的有效性，你会吃惊地发现这种方法能带来很多激动人心的其他选择。否则，我们的记忆和信念只会让我们按照过去的思路思考未来，这样导致我们的体验还是一样的。因为我们没有改变自己的心理框架来认知不同的事物，所以也许名字和地点变了，但是状况却没有改变。

"需求是发明之母！"换句话说，为了节约时间、节约金钱或赚钱而发明新机器、设备和步骤与"创造新的你"是一个意思，都是为了体验成功和更加满意的生活。需求会促使你思考如何扫除障碍，这样我们才能取得进步。障碍作为一种阻力则会阻止我们扩大我们的信念和记忆，所以我们需要一种力量来克服障碍，这种力量就是我们的创造性思维和意愿。

如果我们承认我们的知识还不够完善，我们还需要了解新事物，那么我们的生活就会轻松一点儿，我们也比较容易感到满足。任何事物都在进化之中。也许看起来并非如此，但我们每分钟每秒钟都在变化之中，都会有所不同。从物理层面来说，新的细胞生成了，老的细胞死去了；从心理层面来说，每一秒钟我们都会体验到一些事物，每次体验都增加了内部环境中的记忆或信念。记忆和信念合在一起形成了自我概念，自我概念会影响我们和环境的互动方式。当我们和环境互动时，我们就改变了环境，这样就创造了新的环境，让我们去发现，去体验。因为万物都在运动着，运动导致了改变，所以说万物都在进化之中。即使是古老的山岳，也会慢慢地变成小石头，最终变成了沙土。

我提到了进化的概念（我们的知识总是不够完美），我的重点是想说错误并不存在。错误只是指出我们还不知某些事物，我们需要去了解这些未知的事物。到底什么是错误？我们在出生时当然不知道错误的概念或定义。如果让小孩独处，他们会和环境互动以满足求知的欲望并实现成长，最终他们会发现他们做的事得不到别人的认可，和别人的标准不一致。所有的小孩都希望被别人认可。

我们定义错误的标准是从别人那里学来的。换句话说，我们的父母和老师把他们的定义传授给我们了。他们在环境中感到痛苦时，他们不知道为什么会有痛苦的体验，所以形成了一定的心理框架，这个心理框架就是他们传授给我们的定义。换句话说，我们不知道无知和智慧之间的区别，我们同时继承了他们的无知和智慧并传承下来了。我们在传承智慧的同时，把没用的事物也传承了，但我们却以为传承的是真相。

当我们成人后，我们会把我们认为的关于错误的定义灌输给小孩（还以为在帮助他们），其实我们把痛苦传递给了下一代。如果我们能从错误中总结到知识，那么错误就不复存在了。此时，因为我们已经学到了知识，所以我们体验的不再是错误，也不是痛苦。然而，如果我们还没有从自己的体验中总结到知识，我们反而还想帮助别人，甚至迫使别人按照我们的意思做——当然了，我们还以为是为了他们好。为了帮助别人避免犯错，我们会让他们感到痛苦——情绪痛苦或身体上的痛苦——实际上是我们创造了恐惧心理循环。因为恐惧心理会阻碍学习的过程，所以我们的理解和洞察都是有限的。在现实中，就像我们的父母把他们未解的痛苦强加给我们一样，我们又把未解的痛苦强加给了我们的孩子。这个过程会一代传一代地循环下去，直到有人下决心用自己的创造性力量打破这个循环。

要想从进化的信念开始操作，要想自然地从我们做的选择中学到知识，我们必须改变给错误下的定义。上面说到的信念阻碍了我们认知到更满意的生活方式，错误基本上就是痛苦的同义词。我们有无数种方法避免承认错误，这样我们就可以回避痛苦，在这个过程中我们失去了自我成长和提升生活的机会。即使是我们犯错了，我们可以更好地了解情况，这样我们就不会再次犯错。所以，我们可以这么认为，我们内心的某些事物影响了我们的最佳判断，它更容易影响我们的行为。

前面有个例子，说人们在感到被侮辱的时候会发怒，此时给错误重新下定义的可能性不大。要想改变定义，我们要学会如何改变心理能量，去除能量，或者是消除能量的消极属性，这涉及到一些技术。要这么做的话，我们就要从我们的各种体验中学习，而不是逃避，感到痛苦或惩罚自己。只要没有了这种自欺欺人的关于错误的定义，我们就能客观地监视自己完成目标的过程。如果我们发现我们的行为和目标不一致，那就说明我们的信念和步调不协调，和目标不协调，或者说是我们没有正确的资源。无论如何，为了实现我们的目标，确实要学习什么是很简单的。

学会如何管理心理能量的好处

安全感和信心都增强了

如果你知道自己可以面对各种情况，知道自己要学什么并且你在学习，那么你就有安全感，也有信心。学会如何适应当前的状况并感到满足，这是一种提高安全感的好办法。

在心理环境中，关于体验的记忆不会随着时间改变，但是物理环境会改变。物理环境一直在改变，变成了新的状况，给我们带来了不同的可能性和机会，前提是我们能开放地认知到它们。即使我们以前从没想过要采取这一步骤，为了满足需求和实现目标，我们可以任意改变我们的观点，这样就能看到新的状况，并创造性地使用我们的想象力决定最适当的步骤。还有比这更好的方法吗？

对于成功的交易者来说，这种思维才是关键的。因为市场里面不同的力量太多了，所以市场的波动性也有无数种可能。我们都倾向于只看见几种可能性。如果市场行为和我们心理想的不一致，我们就喜欢通过曲解或幻想来解释不同之处，然后去承担后果。因为我们的心理是灵活的，我们有能力去适应，所以我们可以认为交易不必是痛苦的。

满足感提高了

只要我们活着，我们就会有需求，只要我们有需求，我们就感觉不够圆满。我们的需求迫使我们为了圆满而和环境互动。为了实现满足感，我们就要不停地学习。要想不停地学习，我们就要做出改变。我们活着的主要功能就是学习。当我们实现了这个功能时，我们的回报就是幸福、安宁和满意，这些都是我们学习并和外部环境互动的副产品。

学习会遇到阻力。环境会以一定的方式教育我们、培养我们和改变我们，如果我们反抗，我们就会体验到紧张。紧张和安宁、幸福和激动的感觉正好相反。如果我们拒绝改变，我们就关闭了学习的过程。因为我们和外部环境的关系恶化了，我们的体验也会恶化。外部环境在一直变化，而我们却没有变化，这样就会导致外部环境中的事物和我们已知的事物不一致，最终，当我们感到痛苦、失望、紧张、焦虑和不满的时候，我们又会责怪自己。因为恐惧心理，我们缺少真知灼见，我们不愿意去做，所以我们会感到痛苦、失望、紧张、焦虑和不满。

直觉增强了

当你拥有了信心并通过改变内部来体验不同的外部时，你还要提高自己的能力以面对各种困难，一般情况下我们是倾向于回避困难的。我们学会了很多回避困难的技术，比如酗酒、吸毒、曲解、据理力争或一厢情愿，这些都会导致痛苦的强迫意识。因为痛苦的强迫意识一直存在，所以我们迟早还是要面对这些痛苦的强迫意识。我们等的时间越长，情况越糟糕，问题就越难解决。

然而，回避的态度还会带来一个不太明显的问题，尤其是谈到一厢情愿的时候。真正的直觉——拥有真知灼见，知道最适当的步骤是什么——这是最理想的状态，但这种直觉很像一厢情愿的想法。换句话说，我们很难分清楚哪个是最好的直觉，哪个是一厢情愿的想法，我们很容易把两者混淆起来，这就是我们很难相信自己直觉的原因之一。当你相信你的直觉的时候，你有可能会形成一厢情愿的想法，这样你就不知道去面对问题了。你可以一厢情愿地认为市场会让你回本，你也可以止损并为下一个机会做好准备。要想止损并为下一个机会做好准备要求你改变心理环境，这样你就不会有一厢情愿的想法了。你一厢情愿的想法越少，你的感受就越真实，那么你的直觉就是真实的，这样你就更有信心跟着直觉走。直觉总是能告诉你最好的路怎么走，以满足你的需求。

为了不引起误解，我并不是说一厢情愿就一定是错的，有时候一厢情愿也是非常有用的。然而，作为交易者，因为一厢情愿的想法会让我们很被动，所以对我们来说，这种想法太奢侈了。当我们一厢情愿的时候，我们都等于把责任推给了市场，我们就不知道应对情况了。如果我们发现自己有一厢情愿的想法，那就表明我们不知道状况，因此我们要及时出场。等头脑清醒了，再进场。

更加聪明

当我们战胜了恐惧心理，走出了消极和不满的循环，改变了痛苦记忆的性质，说明我们在全面地学习，所以我们就更加聪明了。对于各种可能性，从最消极的到最积极的，只要都体验过了，就能产生深深的了解和信心，所以说智慧并非是恐惧、愤怒、不耐烦或偏见。如果我们只有消极的体验，那么我们只能感觉到恐惧。如果我们只有积极的体验（在某些方面从来没痛苦过），那么我们就没有恐惧心理。但是对于有消极体验的人，我们就会感到不耐烦，甚至会鄙视他。

因为我们害怕受伤，所以我们会不耐烦。举例说明，很明显环境中有可能存在一些会让我们感到消极的事物，因为我们还没有经历过，所以我们要么不知道它们是可怕的，要么我们不想面对这些信息，以免这些信息表明还有痛苦体验的可能性。已经经历过痛苦的人不会轻视没有经历过痛苦的人，因为后者无所畏惧。当我们经历了一些事，感受到了痛苦时，我们不但选择多了，我们也变聪明了。当我们了解了环境的性质，但并没有消极的能量，也没有恐惧心理的时候，那么这次经历的副产品就是智慧，我们变聪明了。智慧就是黑暗中的光明。

如果我们在某些方面有积极的体验，那么只有当我们体验了消极的事情以后才会相信有消极的事情存在，所以要想获得智慧，我们要主动把消极的体验变成积极的体验。因为我们没有合适的心理框架去接受消极的事情，所以我们不相信会有消极的事情。除非是第一次体验，一般情况下我们看见的环境是我们认知的环境，我们内心的能量会控制我们认知的信息和事件。当我们没有想办法把消极体验变成积极体验的时候，我们就会生气并感到害怕。这是我们自己的选择。我们天生都有创造性，我们可以任意思考，只要我们愿意，我们可以用自己的思维改变生活的品质。

第 14 章　有效改变的技术

本章会讲解多种有效改变的技术，还说明了各种改变方法。

改变信念系统中的意识

我们的意识（我们身体的一部分，这部分在任意时刻都能知道周围的环境和我们的想法）可以产生我们信念系统之外的思想。换句话说，我们可以质疑任何信念的有效性，我们可以把我们的注意力转移到更有用的事物上来。任何新知识都来自那些质疑现状并愿意探索新答案的人。

我知道对于大部分读者来说，这听起来很简单，几乎每个人都知道，但是并非每个人都能理解改变信念的含义：关键是如何改变。因为当我们想要某些东西时，我们就会产生思维能量，所以要想改变心理环境中的任何事物，就要求我们必须先有改变的主观愿望。这个能量和信念、记忆和联想中的能量是一样，所以，思维可以改变、重组、增加、减少心理环境中的任何事物的性质。因此，只要我们愿意，我们可以用我们的思维产生新的自我。

当我们在意识层次做出选择时，哪怕仅仅是改变一个不太适合的信念（相对于现在的需求而言），都会在大脑中改变神经电路。如果你做的选择和你的信念不一致，你要释放信念中的能量，类似于放电，如此一来信念失去了能量，就不会影响你的行为了。

信念是无法被毁灭的，理解这一点很重要。一旦我们有了一个信念，这个信念就会跟随我们一生。然而，我们可以去除信念中的能量。比如，一堆木头燃烧后就把自身的能量变成了空气中的热能，木头就变成了灰烬。灰烬无法产生任何热能，因此就不会影响环境，但是灰烬还在那里。去除信念中的能量也是同样的道理。信念还在，但再也无法影响我们对信息的认知，也不会影响我们的行为。大部分人在小时候都相信牙仙，相信壁橱里面有可怕的人，当我们越来越了解环境的本质之后，这些信念就自然地瓦解了。而在这之前，这些信念对我们的认知和行为绝对是有影响的。现在，我们知道自己过去相信过这些信念，我们还记得过去相信的事物表明信念还在，只是信念在我们的心理系统中已经没有作用力了。

你相信的每个信念都会让你感到舒服。信念的范围决定了你在一定范围内会感到舒服。不同信念定义的范围不同，相互之间有差别。每个信念都是我们对现实的真实看法。信念不但定义了环境，还定义了我们和环境的关系。这些定义限制了我们对内部环境和外部环境的意识范围。比如，你的信念相信市场会在任意时刻做任意的事吗？如果不相信，你认为市场不会做什么事？如果你认为不可能发生的事发生了，你要多久才接受这个现实？请注意，你的信念结构形成的意识都是有界限范围的。

当你学着改变信念以更好地反应意图和目标时，你要记住一件事，改变时会遇到阻力。火山爆发、生小孩、社会运动、刮风、下雨、海浪，这些都表明改变是需要力量的。很多人没有创造力，就是因为会遇到阻力。因为我们天生就有创新的欲望，所以我们想创新；另一方面，我们不想面对新旧事物之间的冲突和斗争。当你想改变信念时更是如此。当你把一种信念改变成另一种信念时，你会感到冲突或不舒服。然而，和任何事情一样，你做的越多，就越轻松，不舒服的感觉就会过去的，最终你就掌握了技术，你就能运用自如了。

确定冲突信念的方法

把计时器设置为 10 分钟。

用"我"为开头写几句话。

快速写下你正在想的事，自由发挥。千万不要想太多了，尤其是对于矛盾的思想，不要想太多了。

10 分钟到了以后，检查你写出来的内容，删除所有的真实的内容。比如，你要删除掉"我是男人，我的眼睛是蓝色的，我的头发是灰色的"这样的句子。

剩下来的内容就是你正在寻求的信念。互相矛盾的信念特别重要。因为互相矛盾的信念在心理互相抵消了，所以说互相矛盾的信念消除了你的能量。

什么是互相矛盾的信念？

我必须赢。/也许我不配。

我是赢家。/我是输家。

我成功了。/我错过了成功的机会。

我应该得到更多的东西。/我有负罪感。

我是专业人士。/我认为人都是不完美的。

别人都相信我。/别人都不相信我，或人通常都是不可信的。

要么成功，要么失败，没有中间状态。/我对目前的进展感到满意。

我很诚实。/我不诚实，或人们通常都不诚实。

我认为要认真做事才能赚钱。/我认为通过交易赚钱是赚轻松钱，不算工作。

向自己提问

以下问题可以帮助你确认一些妨碍你赚钱的信念：

你认为什么是罪过？

你在什么情况下会感到罪过？

在什么情况下，即使别人认为你有罪过，你也不会这么认为？

你感到罪过的标准可以转移到其他方面吗？

什么东西才能让你停下来？

过去的什么事让你认为你错了，你不能那么做？

是不是他们对现实的看法比你的看法更真实？如果是的，为什么会这样？

你认为这些信念有用吗？如果有用，在哪些方面有用？

你认为这些信念有局限性吗？如果是的，局限性在哪里？

如果你可以确认并改变造成这个信念的经历，你会如何改变？

什么会阻止你改变？

请回答以下问题：

你如何看待竞争？

你如何看待利用自己的超级交易技术从别人身上赚钱？

你如何看待亏损？

你如何看待别人的观点？

别人的观点何时是有效的？何时是无效的？

你如何看待犯错？

回答这些问题时，你要知道自己的行为方式和你的选择方式，这样你就能知道你是否按照你的信念在行事。

有时候，只要判断你相信的事的真实性就能确认你的信念。当你看着你的信念时，你可能会觉得这些信念似乎是别人的。如果这些信念是别人的，你可以想象拥有这些信念的人是如何采取一定的方式应对特定状况的（因为也是你的信念）。然后再想象，如果他的信念和这些信念不同，他会如何反应。

如果你发现有些信念不是很有用，或是和你的目标不一致，那么你就要使用一定的技术去除信念中的能量。

用写作技术实现改变

我们的任何举动都会在一定程度上改变物理环境。我们的举动越大，对物理环境的改变也就越大。同理，我们的任何思想也会在一定程度上改变心理环境。我们越是表达自己的思想，我们产生的能量就越多，我们就越有可能做出改变。我们的思想导致了改变。想让我们的意识思维实现特定的意图就会导致改变。我发现写作可以让我聚精会神，还可以让我做出改变，写作是最有力的工具之一。

当我们写作时，我们把心理环境的思想在物理环境中表达出来了。你写出来的问题引起了你的注意力，并给你的心理环境做出了指示，你内心的想法都会展现出来。当你知道了自己的想法时，你可以通过写作的方式给你的心理环境下指令。根据你投入精力的程度，可以说写作是非常有力的技术。

如果我要做出改变，我会这么做：

意识→到→心理环境（一定信息的指令）

信息流进意识（也许没那么快）。通过写作把意识在物理环境中表达出来了，这样就能真实可见了。意识知道了信息（自我发现）。意识把信息的本质和物理环境联系起来，意识评估目前的心理环境的结构是否有用，意识想创造新的状况。意识在问："什么样的信念才更有效，或我要创造什么样的状况？"这是创造性思维的美妙和精华之处——向自己提问，然后等待答案出现在意识之中，或让自己找到答案。当你有了真实的感觉时，意识就知道找到了最合适的答案。然后意识把这些新的意识形成改变的指示，意识把这些改变写入心理环境，给你指令，让你接受这些新的意识。写作的方式迫使我们的思维和我们想要创造的一致，这些思维就能改变心理环境。

形成自律的方法

自律这个单词被用来描述一个学习过程，这个学习过程指让意识控制行为。自律不是个性，不是天生就有的。自律是特定的思维方法，是心理资源，当信念或信念系统与目标冲突时，这个方法能让你改变信念或信念系统。因为你要有意识地改变冲突的东西，所以说自律是更直接的改变方法。

所以，我给自律的定义是，为了让目标和信念保持一致而主动打破信念局限性的行为（处理行为导致的情绪上的不舒服）。如果你的行为总是和这个信念不一致，最终你就去除了这个信念中的能量。时间不会改变信念中的能量，但强度可以，换句话说，意愿和决心的强度越大，冲突信念中的力量就会消失得越快。

假如说你要戒烟或减肥，这些是你的有意识的目标。你的（某些）信念和这些目标是冲突的，支持抽烟的信念有力地控制了你的心理系统。当你的行为和这些信念不一致时，你就能感觉到这些信念会让你感到很不舒服，你就能借此评估这些信念的力量。这么做非常困难。似乎信念可以控制一个人的一生，无论是在思想上，还是在行为上，信念都需要表达出来。

你可以改变信念的定义。首先你要确认信念并决定这些信念会如何帮助你得到自己想要的事物。你可以问自己："这个信念会帮助我实现目标吗?"改变定义的方法之一就是建立一个心理资源以改变没用的信念。我把这个心理资源叫做自律。

下面这个方法可以帮助你在生活中实现自律。这个方法的目的是教你如何用不同的方式思考。你要训练自己积极地聚焦于你想要的事物上面。你将学会如何评估信念系统内的阻力,你将学会如何建立心理资源以有意识地控制自己的生活。

列出你不喜欢做的事、你感觉做不到的事、不想再做的事或以前没做,现在认为有趣的事。比如,开始跑步、开始锻炼或按时倒垃圾。

把这些事列出来以后,先看一遍,找出最不重要的一件事。

用很积极的态度告诉自己这是你已经决定的新任务。不要说努力去做,努力去做这种说法不够强烈。

为这个新目标制定严格的计划。

在按照计划行动的过程中,记录你的思维过程。此时你可能会问:"如何记录我的思维过程呢?"

物理环境中的各种信息都在影响我们的注意力。我们能同时感觉到很多事都在发生,我们的意识要同时关注很多方面。你可以用一部分的意识去关注你在想什么,还要用一部分的自己来监视自己的思维,就当这是别人的思维。如果你能暂时做到监视别人的思维,那么你就能轻松地收集到你需要的信息,这个方法就有意义了。

当你执行计划时,有没有发现自己体验到了阻力、借口或辩解?如果是这样的话,请注意这些思维是如何让你的意识注意力偏离了你的目标。这个典型的例子能够说明你的目标和你的信念系统是不一致的。

此时,你要把你的注意力转移到你的任务上,知道要把足够的能量转移到目标上面是非常重要的。你放在目标上面的能量要比让你分心的信念中的能量多很多才行。

然而，你要注意一点。把注意力从让你分心的地方转移到你的目标上面，并不意味着你在否决让你分心的事物。接受内心已经存在的事物才能让你更好地和它相处。否决内心的事物则需要很多能量，这可能会加强了让你分心的信念，所以还是对自己宽容点儿吧。

当你完成了任务时，你就创造了一种资源，这种资源会帮助你再次完成任务。每次成功都会去除一部分冲突信念中的能量，同时给新的自我增加了能量。新的自我会让你每次执行任务时越来越轻松，到了最后新的自我就成为你心理系统的一部分了。此时，你就可以自动地完成任务了。

你能明白改变信念过程中得到的体验是我的这个方法最重要的一面。每次当你开始改变信念时，你就会收获一个资源，这个资源会让你下次还这么做。每次成功都让你有了新的信念，这样你就能改变更多的信念，让越来越多的信念符合你的目标。这样你就形成了一个新的自我，你会说："我会改变任何和我的目标不一致的信念。"

为了让这个方法有效，你必须记住几个规则：

第一，刚开始练习使用这个方法的时候，你可以寻找不重要的任务或目标。练习的目的是为了学会如何控制你的内部环境并转移注意力。开始练习的目标不大，结果不是很重要。如果结果很重要的话，你就要动用强有力的信念系统，在你没有掌握必要的技术和资源之前，你没有必要这么做。

第二，从我们出生之日开始，我们就被告知如何控制外部物理环境。然而，也许你并没有资源有效地控制自己的心理环境。结果是，你在物理环境中制定了业绩标准，但不一定能执行计划，明白这一点很重要。如果你对自己的期望值太高，你又高估了自己的执行力，那么你的努力就白费了，这样你就会感到恐惧，感到自己能力有限，如此循环。如果你对自己的期望值越小，那么你的进步就越快。期望很容易就会变成需求，需求需要被满足。如果需求没有被满足，就会产生一定的恐惧心理。除非你的意图是确定恐惧心理的来源，否则恐惧心理总是会抵消你积极的努力。

第三，对自己努力执行计划不抱有期望的好处就是能帮助你学会接受自己的任何结果。前进一步，无论是多么小的一步，那也是前进。即使你没有决定现在就采用这个方法，但只要有了这个想法，就是非常好的事。也许有一天，当你感觉自己有能力让内部环境和目标一致时，你就可以采用本方法了。所以，为了更好地采用本书中的方法或其他方法，我建议你把自己想象成婴儿，置身于全新的环境之中。在跑之前，你要先学会如何站起来。

自我催眠

自我催眠是一种放松的技术，这个技术可以让你不加分析地接受一些信息。所以说这个技术可以帮助你建立新的信念或瓦解旧的信念，这是非常好的技术。

积极确认

当你持有仓位并感到焦虑的时候，你就会有消极思维，就会忧虑并陷入这种循环——比如总是想着自己的钱，或是想着市场要如何陷害自己，没有去思考市场的结构。当你想得太多的时候，你最终会做出不利的行动。积极肯定也是同理。你可以按照自己的想法对某些特点做出积极肯定。比如，你想更有耐心，这样就能等到市场出现信号后再行动。你可以对自己说："我每天都比前一天更加有耐心"，最终你就有了耐心。这就是积极肯定。换句话说，只要我们用足够多的能量强化自我肯定的内容，我们的行为就会和肯定的内容一致起来。最终肯定的内容变成了信念，这个信念有足够的能量以影响我们的行为了。

以下都是肯定的内容，一旦变成了信念，就会在内心环境中帮助你工作，会成为非常有效的资源。

所有的信念都是关于现实的，并不一定就是现实的超级特点。在实现目标的过程中，我会检查并质疑我的信念的有效性。

我相信我的意识能让我知道一切我需要知道的信息。

我有能力让任何信念都符合幸福、和谐、富裕和丰富的目标。

我相信我能任意改变对过去经历的感受。

我相信我有能力检查自己的思想。

我相信我知道所有的交易信念。

只有确定了这些信念是真实的，我才会重视这些信念。

我在某些时期相信这些信念都是真实的。当我现在再检查这些信念的时候，我发现它们不是特别有用了。我接受了这一点，我会随时改变和当前目标不一致的所有信念。

我的长期目标是，我当前的目标是确认那些和长期目标有冲突的信念。

我相信我可以在很多方面意识到了这些信念。一旦我意识到了我的信念，如果我需要拥有更符合当前目标的新信念，我可以轻松地让老信念为新信念腾出空间。

我相信改变并扩大自己的意识范围和舒适范围是个人成长和生存的必要方式，我愿意利用机会确认老信念并继续成长。

我有强烈的成功欲望，我强烈地需要搞清楚内心的阻力或障碍，我要消除一切阻碍我实现目标的障碍。

第四部分　如何成为自律的交易者

第15章 价格波动心理

本章的目标是，剖析价格波动的动力和心理，第一，分析单个交易者的心理；第二，我会分析大众交易者的行为。我想说明的是，如果你了解了交易者行为的心理力量，你可以通过观察他们的行为从而知道他们对未来有什么观点。一旦你知道了交易者对未来的观点，那就能在一定状况下轻松地预测他们的下一步行为。

关于这个认知，它能帮助你了解一厢情愿的想法和市场有可能会向任意方向波动的差别，这一点很重要。你要了解市场行为下面的动力，你要学会区别不同的市场信息，你要学会知道市场信息是如何影响你的，你要学会区分扭曲的信息，这样你才能让市场告诉你它会怎么走。

市场的最基本元素是交易者。请记住，交易者是唯一推动价格的因素，其他的都是第二位的。什么是市场？只要有两个交易者愿意交易，一个愿意买入，一个愿意卖出，当他们对价格表示认同并成交时，这就是市场。

最新的价格代表了什么？在最后时刻，有人愿意以这个价格买入，还有人愿意以这个价格卖出，他们对这个价格表示认同并成交了。这表明他们对最新的价格代表的价值是认同的。

什么是买入报价？交易者为了买入而报的价格就是买入报价。什么是卖出报价？交易者为了卖出而报的价格就是卖出报价。交易者如何赚钱？赚钱的方法有两个，那就是低买高卖和高卖低买。

现在，让我们看看交易所场内是如何推动价格的，再看看交易者是怎么想的。

98.18 卖出报价，卖家想卖在高价。

98.17 现在报价，最新价。

98.16 买入报价，买家想买在低价。

因为交易的唯一目标就是为了赚钱，所以我们可以认为交易者在建仓时是不会相信自己会亏钱的。必须有两个交易者对某个价格同时表示认同才能成交。然而，当两个交易者同意成交时，他们都认为自己接受了市场风险。换句话说，当两个交易者成交时，从下一秒开始，其中一个会成为赢家，另一个会成为输家。因为我们知道两个交易者都想成为赢家，没有人愿意成为输家，那么我们可以说这两个交易者对这份合约的未来价值的信念完全相反。所以，当两个交易者成交时，他们对未来的信念必须是相反的。买家认为他买的价格比较低，未来他可以在高价卖出；卖家认为他卖的价格比较高，未来他可以在低价买回来。

如果说从一下秒开始，其中一个会成为赢家，另一个会成为输家，我们知道他们都不会承认自己会成为输家。如果卖家认为卖出后的下一秒价格就会上涨，那么他为什么不等到更高的价格再卖出？买家也是同理。交易的特点就是只有一个方向会赚钱。基本上就是有两方力量在斗争，双方都认为自己对未来的看法是对的，只有一方会赚到另一方的钱。

如果债券期货的最新价是 99.14，那么价格在什么情况下会波动到 99.15 呢？很简单，有些交易者愿意用更高的价格买入。这意味着相对于最新价，他没有采用低买的思路，他更愿意高买。任何愿意高买低卖的交易者都是有理由这么做的。

第一，一个交易者愿意高买或低卖，而不愿意低买或高卖，那么他一定对未来价值有一个强烈的信念，哪怕这个信心是恐慌造成的。第二，他认为最新的价格就是最低价格了。第三，他激进地采取了主动权，他认为在最新价卖出的人会亏损，在更低价格卖出的人亏损的更多。第四，他已经推动了价格，如果其他交易者认为新价格相对于未来偏低了，那么其他交易者就会买入，从而增加了动量。交易者平仓时也会拉升价格。另一方面，交易的另一方则被高价吸引而在高价卖出。他认为自己有优势，实际上他是高价卖出，但是他没有制造波动，或者说是没有制造太多的向下的动量。他找到了一个顶部，希望市场不会继续上涨。

两个交易者的行为合在一起会如何？第一，这笔交易告诉我们，交易者在以最新价或更低的价格卖出时，他对未来价值的信念不够强。第二，交易者在以最新价或更低的价格做空或平掉多头仓位时，交易者不够激进。当在比较高的价格发生了成交时，这就形成了新的平衡，在之前的价格买入的人就是赢家，在之前的价格卖出的人就是输家。

所有的输家会继续持有空头仓位或加仓，以表明自己对未来价值的信心。因为当价格上涨时，他们认为更加有利于做空，所以他们很喜欢。如果说在价格比较低的时候他们就认为价格高了，那么当价格上涨到更高的价位时，他们会认为更有利于空头仓位。然而，与此同时，价格的上涨表明他们对未来价值的期望失效了。上涨表明卖家很被动，买家主动，买家更有可能向上推动价格。

买家在积极地向上推动价格，买家支付的价格越来越高，旁观者可以看出一些门道。这说明随着价格的上涨，卖家越来越少了。如果卖家少了，买家就要互相竞争并用更高的报价来获得少量卖家的成交。

价格的波动表明当前动量对买家有利。只有当卖家相对减少时，价格才会上涨。如果交易者支付的价格越来越高，价格就会离卖家的目标越来越远。最后卖家对未来价值的信念瓦解了，卖家就会一个接一个地加入了买家的队伍，他们开始互相竞争，报高价从越来越少的卖家手中买入。只要我说的这种情况一直存在，价格下跌的可能性就不大。

那么什么因素才会导致市场下跌呢？只有一件事，那就是买家开始兑现利润。当买家兑现利润时，他们就开始卖出，这样卖单就增加了。如果卖的人越来越多，就有排山倒海的气势了。最后，再加上一些经济因素的共同作用，其他的交易者也会加入进来，导致市场下跌。如果新进场卖出的交易者带来的力量很大，那么老的买家也会感到恐慌，导致下跌动量加大。

也许你能想象得到这种价格的上下波动。如果卖家比买家多，平衡就被打破了。当买家非常有限时，卖家就会报出更低的价格卖出。

集体行为导致了所有的价格波动。价格的起落就像是双方在打仗，一方认为价格会上涨——于是买入；另一方认为价格会下跌——于是卖出。

如果双方并非势均力敌，其中一方就要占据优势。价格会沿着主力的方向越走越远，弱势的一方就会感到痛苦，他们很想避免亏损。最终，他们对自己的仓位没信心了，就会平掉自己的仓位，沿着主趋势建仓，从而增加了主趋势的动量。

主力会继续控制着市场，当大家都认为相关因素已经不存在了，价格走到头了的时候，趋势才会停下来。主力此时就要平仓了，这样就创造了反向的动量。

作为个人，如果我们没有能力推动价格，那么我们能做的事就是确认主力的方向并跟着主力走，当主力改变方向时，我们也跟着改变方向。

价格上下波动，就像潮起潮落一样，我们可以通过价格图表或点数图确认价格的波动。这些图表能够告诉我们各种力量之间是如何相互作用的。图表表明了交易者对未来的信念以及交易者信念的强度。

如果市场的最高点越来越高,最低点也越来越高,要想知道市场后面的走势,你可以问自己以下问题:

价格如何波动才能体现买家继续赚钱的信念?

卖家何时会大举进场?

持有多头仓位的买家会在什么价格兑现利润?持有空头仓位的卖家会在什么价格失去信心并平仓?

买家在什么情况下会失去信心?新的买家在什么情况下会进场?

要想回答这些问题,你要确认买家和卖家眼中的关键点,在这些价位,他们要么增加了信心,要么减少了信心。这样你就能找到答案。

实际上,我们所熟悉的行为模式和价格形态都能帮助回答这些问题。所以,我们要分析一下经典模式下面的心理因素。然而,在分析之前,我想下几个定义。

市场行为

个人交易者根据自己的利益采取行动,交易者为了表达自己对未来的信念而采取行动,他们行动的总合导致了市场行为。

交易者集体的建仓、持仓和平仓动作导致了行为模式。

什么会导致交易者进场?赚钱的信念,当前市场的价格提供了机会,可以赚钱。

什么会导致交易者持仓?仓位有可能继续赚钱的信念。

什么会导致交易者平仓?无法继续赚钱的信念。这意味着,对于赚钱的仓位来说,无法继续赚钱了,或者是仓位的风险太大了,不利于继续持仓。对于亏损的仓位来说,交易者认为没有机会回本了，或是价格到了之前设置好的止损点。

如果你观察价格图表的话，你会发现一段时期内的价格会形成对称的模式，这些对称的价格模式不是偶然出现的。这表明了双方力量的较量——摆好架势，选择方向，必要时再改变方向。

明显的参考点

你需要在图表中寻找明显的市场参考点。在这些价位，交易者的期望值会增加。很多交易者会在这个价位建立方向相反的仓位。根据交易者的期望不同，有些交易者认为自己的期望会被实现的，所以他们会继续持有仓位；更重要的是，如果期望不能被实现，他们就会平仓。

明显的参考点就是双方（对未来持有相反信念的交易者）控制市场的价位，双方都不希望失去对这个价位的控制。

参考点越重要，多空双方争夺的就越激烈，交易者就越难推动价格。

因为多头赌价格会上涨，空头赌价格会下跌，他们提前决定了参考点的重要性，多空双方对这个价位都是特别看重的。

所以，在参考点，很多交易者会放弃自己的信念，持相反信念的交易者则会加强自己的信念。多空双方都希望市场能证明自己的信念是对的。可以这么说，当价格到了某个参考点时，空头或多头对未来的期望就实现了。

对于其中一方来说，市场会让他们成为赢家，他们的信念就是对的。对于另一方来说，市场会让他们成为输家，他们会觉得市场拿走了他们的某些东西，他们自然会感到失望。我想指出，客观的交易者不会在乎市场的涨跌，他们在乎的是机会和信号。

交易者的期望越大，他们越不能忍受亏损。如果一群交易者的期望都落空了，他们就会平仓。

另一方面，赢家的信念被确认了，这样输家就要平仓。输家要互相竞争，这样才能平仓。举例说明，如果买家是输家，为了平仓，他们需要其他人来买入他们的持仓，这样自己才能平仓，这些行为将会导致市场继续下跌。

平衡区域

J·彼得·史泰米亚和凯文·阔伊在《市场和市场逻辑》（1986年出版，提出了市场轮廓理论）中把平衡区域叫作"价值区域"，他们发现任意一天大部分交易行为呈正常的钟型曲线分布模式。当你分析交易行为时，你会发现每天的价格波动和时间是一致的。

我并不想在这里讨论他们分析市场数据的方法，不过我建议你学习相关方法。他们把这叫做价值区域，我则叫做平衡区域。史泰米亚和阔伊是这样分析的，因为在某个价格区间市场会建立一个公平价格，这个价格代表了交易的价值，此时会有很多人参与交易，成交量在这个价格区间就会放大。

不过我想指出的是，大部分交易者并非是根据公平价格或价值交易的，他们是根据自己的舒服程度来交易的。所谓的舒服也就是随波逐流，跟着别人做。在平衡区域，交易者基本上是在互相买卖，他们在交换订单或能量（他们对未来的信念就是能量）。我说交易者根据自己的舒服程度做交易，是指交易者的恐惧感比较小。因为平衡区域或价值区域一般是指横盘震荡区间的中间价位，大部分交易者在这个价位的恐惧感最小，所以他们敢交易。史泰米亚和阔伊认为震荡区间之外是最好的赚钱机会，这就是为何只有少数交易者能捕捉到这样的机会。因为这么做的交易者很少，他们都是孤军作战的，所以这样交易的人并不多。交易的人多不一定就安全。

有些交易者喜欢通过比较相关的合约或现货市场来判断价值。有些商业交易者或机构避险者则会用复杂的数学公式计算特定的价值，然后据此交易。大部分交易者则对价值没有任何概念。市场横盘震荡的时间越长，市场就越平衡、越和谐、越舒服。交易者在互相买卖，没有人愿意报高价买入，也没有人愿意报低价卖出。

最终会有一个人站出来，这个人不同意所有市场参与者的意见，他认为市场可能会上涨或下跌。这个人或一群人的买卖行为会打破市场的平衡。如果他们比较有力量，就会引起连锁反应，导致其他交易者都要面对新的市场状况。

如果是买家打破了平衡，那么就会吸引新的买家进场，导致很多的买盘出现，这样市场就更不平衡了。持有空头仓位的交易者可能会平仓，要想平仓，他们就要买入，导致卖家越来越少，买家越来越多，持有多头仓位的交易者也不想卖出。交易者会互相出高价，以从卖家手里买到筹码。

当这些交易者互相报高价的时候，他们通常没注意到其他人都在观望。也许某个交易者为了保护自己的投资组合或农作物，他在观望市场，他需要找机会建立庞大的避险仓位。他的观点和场内交易者的观点完全不同。场内交易者关心的是抓住机会，不能错过机会。避险者则相反，他会把上涨的价格看成是意外的礼物，更高的价格可以帮助他锁定利润。

所以这位商业交易者决定开始避险。正如你所想象的那样，如果一个商业机构认为某个价格很好，其他机构也会这么认为的。如果避险者认为自己的订单太大了，会打压市场，他就可以指示自己的场内经纪人慢慢地卖出，这样他就能大量卖出，还不影响市场的上涨。

然而，场内的其他交易者很快就能搞明白是怎么回事。他们知道场内经纪人在为哪家商业机构服务。一旦他们知道了有人在大量卖出，他们是不会继续买入的。没人希望自己被套在顶部。所以，交易者们都会找出谁在卖出，然后他们就会反转仓位并开始卖出了，如此循环。

站在场外看，似乎反转瞬间就完成了，但其实并非如此。就像向水塘中扔一块石头一样，信息像水波一样从内向外传播。

我发现只有少数交易者有价值的概念。他们知道价格的波动产生了赚钱的机会，似乎赚钱很轻松。如果价格在震荡区间内震荡了一段时间，交易者就会对震荡区间感到舒服，赚钱很轻松（译者注：应该是指在震荡区间内低买高卖）。当价格突破平衡区间时，因为大部分交易者都认为风险太大了，不敢交易，所以只有少数交易者敢参与交易。

最高点和最低点

也许之前的最高点和最低点是最明显的参考点。如果价格在稳步上涨，买家就会预测价格是否会涨到之前的最高点以上，卖家则准备在顶部做空。

对于卖家来说，最后的顶部，或之前的顶部，是市场遇到阻力从而停止上涨的地方。换句话说，会有很多交易者认为价格在这个价格太昂贵了，这次会不会也涨不上去呢。

买家和卖家都希望市场能够重复过去的行为——创造新高，或无法创造新高。当市场接近新高时，如果有人报高价买入，其他观望的交易者也会相信这个价格。买家进场就会增加上涨的动量，导致持有空头仓位的交易者平仓，他们的平仓行为也增加了上涨的动量。

支撑点和阻力点

在下跌的市场中，支撑点就是买家进场的价位，也是持有空头仓位的卖家平仓的价位。在上涨的市场中，阻力点就是卖家进场的价位，也是持有多头仓位的买家平仓的价位。

因为很多交易者重视图表上的支撑点和阻力点，所以说支撑点和阻力点是很明显的参考点。

有些人可能不同意这个说法，但是这个说法确实说明了这些价位反映了重要的市场本质（交易者根据自己对未来价值的信念行动）。所有的信念最终都会变成自我实现的预言。如果有很多交易者都相信支撑点和阻力点的重要性，并在这些价位进行了交易，那么他们就是在实现自己的信念。

如果我们知道多头和空头都是怎么想的（多头和空头的持久拉锯），我们就能知道谁会成为赢家，谁会成为输家，我们还能知道他们的行为如何影响了双方力量的平衡。

比如，如果买家报高价买入，导致价格上涨，突然很多交易者（或一个交易者大单卖出）都要低价卖出，导致价格反转，价格停止上涨反转的价位就是阻力点。

本来是买家主导市场，现在是卖家主导市场，具体原因并不重要。对于价格的反转，每个人都能找到自己的理由。其实理由很简单，很明显——足够多的交易者相信价格要停止上涨并开始下跌。

然而，重要的是，很多交易者会记得价格在这个价位反转的。结果是，经历过反转的交易者就会记住这个价位。

第一个反转是顶部。我们不知道这个顶部是否一直就是顶部，我们不知道价格是否会继续创造新高，或这个顶部就是长期的顶部。

第15章 价格波动心理

如果买家有能力把价格推到之前的高点，他们会分析第二次尝试是否会再次推高价格，看看能否创造新高。如果其他买家认为这是低买的机会，他们愿意买入，那么价格就会创造新高。场内交易者能意识到是否有新的买家被吸引到场内，他们会根据这个信息行动的。

关于本例，如果价格到了反转点时市场强烈反转了，很多交易者就会认为价格可能要反转了。结果是，他们可能认为价格创造新高的可能性不大，所以他们会阻止价格创造新高。如果认为价格不会创造新高的交易者数量比认为会创造新高的交易者的数量多，那么价格就不会上涨。

从技术上说，一旦市场测试了之前的新高或新低，但并没有突破，那么你就知道支撑区或阻力区在哪里了。因为点数图能形象地显示价格的反转，所以用点数图能轻松地确认支撑点和阻力点。一旦支撑点和阻力点被确认了，那么就可以轻松下单了。

举例说明，如果在过去两周内，每当债券上涨到了95.25时就会下跌到94.10这个支撑点，我说的是一个震荡区间，上面是阻力线，下面是支撑线。价格上涨到95.25附近时，然后下跌；价格下跌到94.10附近时，然后上涨，这样的次数多了，就能表明阻力线和支撑线是重要的。这样的次数越多，曾经做过突破，但最终失败的交易者就会对阻力线和支撑线印象深刻。

对于客观的交易者来说，他们没有偏见，横盘震荡的区间是最容易赚钱的。当价格涨到了95.25附近时，可以在95.21附近下单卖出，因为他们都知道市场没有那么精准，你的订单不要正好就是95.25。每次当市场准备突破时，都有很多交易者认为不会成功突破。结果是，他们会提前卖出，也许价格永远到不了95.25，这样你的订单就无法成交了。

同理，要在95.31附近下一个停止并反转类型的订单（也就是买入两份合约)。每次状况都不相同，在本例中，6个基点的波动不足以判断市场的方向，你要把订单下在最有可能的方向。如果市价是95.31，卖家不一定会失望地平仓，市场可能不会继续上涨。

在阻力线，如果愿意卖出的交易者比愿意买入的交易者多，那么这条阻力线还是有效的。每当市场到了这个区域时，不同的交易者就会有不同的期望，市场要么突破，要么无法突破，就这两件事。因为总有一方会失望的，所以说价格波动的结果很重要。如果我们知道多空双方的判断标准，还知道他们的行为，这样就能知道他们会如何影响市场的平衡。

因为市场有无数种波动方式，像支撑点和阻力点这样的明显参考点则缩小了可能性的范围。所以说利用支撑点和阻力点是可以拥有优势的。

支撑点变成阻力点，阻力点变成支撑点

很多交易者都听说过，过去的支撑点能变成阻力点，过去的阻力点能变成支撑点。这种变化是有心理原因的。

如果95.25是阻力点，那是因为有很多交易者在这个价位卖出，导致这个价位成为了阻力点。实际上，也许在95.25这个价位卖出的交易者是同一批人。所以，每次市场涨到了95.25时就会下跌，在这个价位或附近卖出的交易者就成为了赢家。结果是，成功的交易者就会记住95.25这个价位。每次赚钱都会加强他们对这个价位的信念和信心。

现在，价格又涨到了95.25，也许是第四次或第五次上涨，和上次一样，很多交易者又会认为这是阻力点并开始卖出。但是这次买家非常强，买家在阻力点还是继续买入。

所有在95.25卖出的交易者都亏损了。有些止损了，有些则持

续持有空头仓位并希望市场会下跌。不管是哪种情况，市场证明了他们的信念是错的，他们痛苦不堪。他们对95.25这个价位有信心，他们认为市场背叛了他们。

如果市场在上涨了几天后又回到了95.25，那么在95.25卖出的人会怎么想呢——那些认为市场背叛了他们的人会怎么想呢——他们会怎么做呢？首先，希望市场会下跌的交易者会尽快平仓。他们非常感激市场把钱还给他们了，就算有可能赚到更多的利润，他们也顾不了了，他们要平仓，他们平仓后会非常高兴的。

因为交易者曾经受过伤，当价格再次到达95.25时，交易者不敢在这个价位卖出了。我并不是说他们会买入，他们只是不太可能在这个价格卖出了，这导致在95.25这个价位的卖家减少了（阻力减少了），这样买家就主导了市场。因此，过去的阻力点就变成了支撑点。同理，过去的支撑点也能变成阻力点。

趋势和趋势线

趋势，也就是最高点越来越高，最低点越来越高；或最高点越来越低，最低点越来越低。因为在一段时期内多头比空头多（或空头比多头多），所以趋势是有用的。持有空头仓位的交易者受不了价格的上涨，只好平仓，他们的平仓行为增加了买方的力量。当价格突破了明显的参考点时，这种现象更明显。

请记住，时间造就了趋势。如果下一秒市场上涨了一个基点，那么就叫一个基点的趋势。那么买家和卖家之间的不平衡何时才能被打破呢？

在上涨的市场中，因为买家要兑现利润，所以价格会回调。如果市场在回调后继续上涨，这表明卖家还是不多，买家还是很多。当市场打破了正常的模式时，你就知道不正常了。当市场突破趋势线后，就会打破买卖双方的平衡，所以市场会沿着突破的方向继续前进。

一段时期以后，你会注意到有趋势的市场会形成一定的节奏，在竹线图上看起来价格波动似乎非常对称。你不必知道为什么会这样，你只要知道有这个现象就行了，当这个节奏被打破时（市场突破了重要的趋势线），这表明市场的平衡被打破了。然后问你自己，市场最后可能往哪个方向走？

根本不必知道这个问题的答案。在最有可能确认打破平衡的价位下单就行了，然后等待市场给自己下定义。如果你的订单被成交了，设置一个止损单，当市场不能证明你的交易是有效的时候就止损。你会问："什么才叫有效的交易呢？"如果仓位沿着主力的价格方向前进，那么这笔交易就是有效的。

最高点→回调→上涨到次高点。

我给你举一个例子。无论一笔交易是多么简单，它背后一定有心理原因的。在本例中，市场先创造了新高，然后下跌。新的卖家进入市场，或买家兑现利润，这两种情况都会导致市场下跌。价格会一直下跌，当交易者认为价格很便宜并愿意建仓时，价格才会停止下跌。当价格涨到了前一个最高点附近时，买家就在想会不会突破，卖家就在想会不会是顶部。

双方都提高了自己的期望值。如果有些买家愿意把价格拉升到更高的价位，那么观望的人也会增加信心的，如果观望的人也开始买入，那么上涨的动量就增加了。

有些持有空头仓位的交易者会承认自己错了，他们只好买入平仓，这样就增加了上涨的动量。

然而，如果市场第二次到达了最高点，然后空头再次进场，导致价格下跌，情况会如何？买家开始感到失望。他们在什么价位会真正的失望？——如果没有足够的买家进场维护之前的最低点，如果价格向下突破了最低点，买家就要集体平仓。当买家平仓时，谁会买入呢？如果所有人都想卖出，但没有人愿意买入，价格会如何？会像石头一样往下落。

因为大众最不能容忍风险，最需要确保他们做的事是对的，所以当大众都参与了牛市时，熊市就要到来了。大众是最后一批确信上涨的市场代表了机会的人。如果某个牛市持续了一段时间，大众就会以为别人都赚钱了，大众就要跳进来分一杯羹。他们会相信别人的分析，既然每个人都在这么做，那么他们就不会错，而实际上，他们并不知道自己在做什么。

牛市的持续需要新的买家进场，他们愿意支付越来越高的价格。牛市持续时间越长，参与的人就越多，没有参与的人就越来越少，愿意高价买入的人也越来越少。早期买入的人当然希望市场继续上涨，但是如果市场下跌了，他们也不希望被套。价格越来越高，他们的利润也越来越多，他们开始感到紧张了，就想兑现利润。

当大众都在买入时，专业交易者知道行情快结束了。专业交易者是如何知道的？因为专业交易者知道愿意报高价买入的人不多了。到了某个时点，估计所有的人都已经买入了，几乎没有人还没买入。专业交易者也像所有的买家一样，希望市场永远上涨。然而他们知道这是不现实的，所以专业交易者开始兑现利润，此时有些人还在买入。当最后一个买家都买了之后，再也没人买了，市场无处可走，只有下跌了。

当市场刚开始上涨时，大众不敢承担风险，所以当他们最后进场时容易被套。市场会吸引更多的人参与进来，有很多人都会买入。最后，买家枯竭了，市场就上涨到了最高点。

专业人士在市场下跌前就平仓了，买家越来越少时，卖家就会争先恐后地报低价卖出，这样才能吸引别人买入，自己好出场。有时候，低价不但不能吸引别人，而且会吓坏了他们。大众没想到自己会亏钱，他们的期望值很高，他们无法忍受亏损。他们被套的唯一原因就是因为他们以为肯定可以赚钱。当大众都在卖出时，市场就崩盘了。

　　再次说明，因为没有人希望自己被别人当作是非理性的，容易恐慌的，所以他们会为自己的行为找借口。人们恐慌和价格下跌的真正原因就是因为价格涨不上去了。

第16章 成功的步骤

自律是一种心理技术，让你关注于应该学的事和应该做的事，这样才能实现目标。环境在变化，有时候你做不到自律；有时候你能做到自律，但是又和环境或目标冲突。所以，为了实现你的目标，你要学会改变。换句话说，你要改变和环境互动的方式。要想改变你的行为和你对环境的体验（感觉和情绪），你就要改变你的观点。要想改变你的观点，你就要改变你的心理因素，你的心理因素会影响你对环境信息的认知。请记住，你无法控制市场的波动，你只能控制你对市场的认知，并和别人分享你的真实（没有曲解）的认知。你越专业，你就越会发现交易完全就是心理游戏。你不是在对抗市场，你是在对抗自己。很多交易者参与市场时，因为他们的信念各不相同，你就可以利用不同的信念赚钱。如果人们都对期货或股票的价格表示认同，那么就不会有人报高价买入或报低价卖出，这样你就没有赚钱的机会了。所以说市场给交易者带来了机会。市场既不会为你提供数据，也不会为你解读数据。如果你没有看出市场信息的不同之处，市场也不会负责任。市场也不会管你何时交易、持有多久、何时出场或交易多少份合约。

每个交易者会根据自己的选择和标准去交易，所以他们产生了自己的市场体验。如果你赞同这个观点，那么当你亏损时，你是没有理由责怪市场的。因为每个交易者的目的就是为了赚钱，所以说市场并不亏欠你（无论你多么努力）。你必须自己为任何结果承担责任。你越早愿意承担责任（假如你还不愿意承担责任的话），你就越早掌握必要的和市场互动的技术。即使你不知道是什么心理元素导致了你的结果，只要你愿意承担责任，你迟早会搞明白的。

要想成功，你就不能有恐惧心理。你已经明白了恐惧心理会限制你的行为，所以你要尽量避免这种情况。或者换个说法，你必须面对恐惧心理。因为恐惧心理迫使你用过去的体验来解读现在的环境，所以说恐惧心理不能让你学到任何新知识。也许此刻的环境提供了机会，你要改变自己的历史，这样你才能看到新东西。克服恐惧心理能帮助你预测市场行为。交易者越恐惧，他能做出的选择就越少，因此他的行为就越容易被预测到。当你克服了自己的恐惧心理时，你就能看出别人的恐惧心理。

然而，为了防止你变得太鲁莽，你需要对自己做一定的限制。当人们不再感到害怕时，人们就容易变得鲁莽。你限制自己的方式就是自信。你要自己知道制定一套规则，要毫不犹豫地执行规则，无论有什么诱惑，都要遵守规则，这样你就有了自信。

一旦你有了自信，因为市场无法控制你了，所以你就没有什么好害怕的了。结果是，因为你没有恐惧心理，你就可以不带任何偏见地观察市场。没有任何偏见，你就不必回避某些信息。你越没有偏见，你就越能了解市场的本质。你越了解市场，你就能越轻松地预测市场。如果你能准确地预测市场的下一步行为，你就能轻松地赚到更多的钱（没有任何心理元素会反对你赚更多的钱）。

你要明白，你对市场行为的认知是一步一步地形成的，是随着你的自信的增加形成的，这一点很重要。世上没有快速致富的方法。很多人从贫穷到富有，然后又贫穷了，这些故事说明快速致富没用。快速致富后，如果你没有能力守住你的财富，你会感到焦虑和挫折。如果你有可能把赚到的钱都吐回去，甚至还亏损了，那么赚太多的钱就没有意义了。一旦你赚了很多钱，然后又把钱回吐了，那么你会迫不及待地想把钱赚回来。作为交易者，你要知道遵守规则比赚钱更重要，因为无论你赚了多少钱，如果你不能遵守规则，你最终还是会把这些钱又还给市场的。

你还要明白，随着你认知的提升，你的收益也会发生变化。很多人不愿意制定自己的交易规则，他们认为既然制定了规则，就不能再改变规则了，所以不制定规则更好些。任何交易规则都是暂时的。在初级阶段，你可以学习很多方法和技术，这样你才能知道它们的价值，然后你就明白了，为了更加成功，你需要做什么。实际上，最好的规则就是确信自己能把学到的知识变成自己的第二天性，否则，就要继续学习。

第一步：聚焦于你要学习的知识

首当其冲的是，你需要改变你的观点或交易的焦点。也许目前你的焦点还是赚钱。如果是这样的话，你要把你的观点变成："我从中学到了什么？我该怎么做才能更加成功？"你聚焦的重点是如何实现你的目标，当你知道正确的做法并去做的时候，赚钱就是副产品，所以不必在意赚钱的事。

聚焦于赚钱和聚焦于如何成长之间的差别非常大。前者让你关心的是市场给了你多少钱，或是市场拿走了多少钱，后者关注的是自己赚钱的能力。前者让你把责任推卸给了市场，后者则是让你自己承担责任。

请永远记住，任意时刻都完美地反应了你的成长过程。如果你发现自己失望了或犯错了，你通常会放弃自己的看法。我们停止犯错的原因是犯错带来了痛苦。我们本能的回避痛苦，这么做的时候我们就没有学到以后在同样的环境下如何有效地处理问题。

要想克服痛苦和对犯错的恐惧心理，我们就要改正错误。这是一个很大的任务，也许你现在并不想这么做。所以，你可以建立一个心理框架，用来存储你的交易经验。你的框架接受所有的经验，认为每次经验都是有用的，并认为错误并不存在——错误是为了向我们指明方向。

在心理框架中，关于错失的机会，你要重新下定义。除了不愿意承认亏损，错失的机会这个信念对心理的创伤最大。在我们的心里，总是认为错失的机会总是最完美的。当然了，我们本应该利用好这些机会的。问题是我们没有抓住机会，我们的心情就很难平静下来。因此，错失的机会让我们变得更加焦虑，更加有压力。

错失了"完美"的机会最让人郁闷。如果你有捕捉机会的能力，你必然会捕捉到机会。你越早明白了这个道理，你就能越快捕捉到机会，不必为错失的机会而懊悔。因为市场一直在波动，所以就一定有机会。只要价格在变，就永远有机会。

如果你相信并没有犯错这回事，对于交易结果，你就比较看得开，你就会认真总结下一步如何做得更好。如果你承认自己有可能会错失某些机会，你就不会逼着自己太早进场或太晚进场了。换句话说，你的选择面更广了，不必力求完美。

你必须记住，那些优秀的交易者早就掌握了本书中讲的道理，你想赚他们的钱是困难的。他们知道要做到客观，他们知道要摆脱恐惧心理，他们知道如何做好交易。你要先学会这些知识，否则市场就会拿走你的钱，你也无法赚到市场的钱。

所以，我建议你单独拿一部分钱出来，这些钱作为你的学费。根据你想学的技术多少，你可以安排相应的学费。更重要的是，你要承诺在交易中认真学习。就算你已经交易了很多年，就算你是成功的，只要你还有不满意的地方，你就可以拿点儿钱出来，只要你拿了钱出来，这就说明你很想掌握这个技术。你的决心越大，你的进步就越快。

第二步：处理亏损

交易规则 1

在交易前要提前定义亏损。"提前定义"指你要确定何时机会会消失，至少是在你交易的时间框架内没有机会了。

一旦你有了亏损的信念，那么亏损的可能性就不会让你感到痛苦。大部分成功的交易者都是在 1~2 次爆仓后才有亏损的信念的。他们在亏损后曾经极度恐惧过，他们已经明白了，只要自己做了应该做的事，就没有什么好害怕的。什么叫应该做的事？就是承认自己可能会出错，并接受亏损的必然性。所以，面对并承认亏损的必然性是一种交易技术，这是通过比较痛苦的方式学到的技术，不过这为你打好了基础，你有希望成为成功的交易者。

少数的成功的交易者都是通过痛苦的方式才成功的，而你则有机会用相对轻松的方式实现成功。要想掌握这个技术，你要拥有两个心理元素：第一个是要明白为何承认亏损的可能性很关键。如果你不明白这一点，你就会产生恐惧心理，产生了你尽力回避的体验。如果你明白了这个概念，你就不会刻意回避亏损了。

第二个是你要愿意改变亏损的定义。根据第 14 章的一些心理方法，你就能在不必爆仓的前提下改变亏损的定义。亏损并不会毁了你，你越早相信这一点，你就越容易接受亏损。只要你自动地按照自己的交易策略操作，该止损时就止损，这样你在心理上就有了优势，如果你止损后，市场继续向你之前的建仓方向前进，你也会再次进场的。

交易规则 2

一旦意识到要亏损了，就要立即止损。提前定好了止损点，就要毫不犹豫地去执行，不必思考、权衡、判断，也没有什么东西可以诱惑你。你是不会爆仓的。如果你在思考、权衡或判断，那么可以说你并没有提前定义亏损，或者说你没有在应该止损的时候及时止损。你的这种行为和信念是不协调的，这么做容易爆仓。或者是你亏了很多，你又会陷入痛苦之中，这种过程是无限循环的，一旦开始了，就不容易结束。如果你没有及时止损，你就容易错过下一次机会，而下次机会很可能就是赚钱的。如果错过了赚钱的机会，你就对自己非常恼怒，就像听了别人的消息去买卖，结果总是亏损一样生气。

一旦你能做到该止损时就止损，那么你最终能到达一种境界，那就是不必提前设置止损点。有些交易者非常客观，当他们建仓前，他们没有提前设置止损点，但他们知道在哪里止损。根据市场参与者的行为关系，根据市场参与者对时间、价格的不同看法，客观的交易者能够做到让市场自己定义止损点在哪里。一旦交易者首先相信了自己，他们就能学会客观地看待信息，他们就能看清市场的本质。请记住，恐惧心理会阻止我们了解新事物。如果你害怕，你不敢去做应该做的事，那么你就无法了解市场行为。只要你学会了提前设置止损点并及时止损，那么你就能学会让利润奔跑。

第三步：成为某个市场行为方面的专业人士

通常，大部分人都会认为，我们收集的相关信息越多，我们的决定就越正确。但是交易并非如此，尤其在交易者刚开始的阶段不会如此。在大部分情况下，有部分交易者想买入，有部分交易者想

第 16 章 成功的步骤

卖出。每个人都有自己的理由，他们的理由又是互相矛盾的。信息太多了，很多信息都是互相矛盾的，新手有必要限制自己接受信息，太多的信息会让交易者感到困惑，容易亏损。

你在一开始可以少接触一些信息，然后再慢慢了解更多的信息。你要做的事是重点关注某个市场模式，这个模式出现的频率比较高，你要成为这方面的专业人士。要想成为专业人士，你要选择一个交易系统，这个交易系统能确定这种模式，这个系统最好是机械的，这样你就能在图表上看清市场行为。你的目标是了解这个系统的方方面面——不同元素之间的关系——产生利润的可能性。同时，还要回避其他可能性。

在所有可能的走势中，你要学会只关注一种走势。也就是说，你要放弃所有的其他机会。一开始用小资金慢慢做，以后再去研究其他的走势，这对你的心理有几个好处：第一，你可以通过精准的分析来增强信心。如果市场无限的可能性没有让你感到头昏，那么你就容易增强信心。第二，通过放弃其他你不了解的机会，你就不会迫使自己去交易。冲动交易通常来自恐惧心理，恐惧心理会让你行为不当。

如果你不希望放弃其他机会，那么请问你自己，我为什么要这么急？如果你有信心把自己变成成功的交易者，那么为了自己的成长，放弃一些机会有什么不可以呢？一旦你成为了成功的交易者，你就可以赚到很多钱的。然而，要想成功，你的目标就是不要伤害自己，也不要亏钱。等你掌握了技术以后，那么你就可以轻松地从市场中拿钱了。

另一方面，如果你亏了很多钱，你要先解决亏损的问题才能累积财富。解决了亏损问题之后，你对市场的了解和你对机会的了解就没有大的差别了。因为很多交易者在早期的交易生涯中亏损过多，所以他们最终只能当分析师，自己没能力去赚钱。这些交易者过去产生的恐惧心理已经让他们无法正常地交易了，无论他们的预测多么准确，他们自己也不敢交易。知道市场的走势，但是自己没有把握机会，这是最让人郁闷的事了。

你要明白，你认知机会的能力和执行力是不同的，也就是说洞察力和执行力是不同的技术。如果你的执行力很好，没有心理障碍，洞察力和执行力是可以协调一致的。否则，你想去把握某个机会，但是你的内心得不到支持，你就没有执行力。如果你有心理障碍，无法执行交易，就算你知道了更好的交易机会也没用。

本方法的目标是帮助你成为专业人士。一旦你成为了专业人士，就没有什么东西会阻碍你使用自己的技术了。如果你同时交易多个品种，但并不成功，那我建议你只交易1~2个品种。只有在你完全了解了每个品种的市场特征时才可以去交易更多的品种。

第四步：学会如何完美地执行一个交易系统

要想成为成功的交易者，完美地执行交易是最难的。发现市场中的机会很容易，行动就比较难了。这里有几个原因，要想了解这些原因，你需要了解交易系统（确定未来买卖机会的任何方法）的本质，你还要了解交易系统和市场之间的关系。

优秀的交易系统长期下来都是赚钱的。很多优秀的交易系统已经被公开了很多年，但是赚钱的交易者并不多。交易系统的问题在于，市场的走势千变万化，交易系统只用特定的方式来定义市场行为。对于市场下一步如何走的概率，交易系统机械地减少了人们行为特点的影响。市场有无数个可能，交易系统只捕捉有限的行为特征。对于过去出现过的模式，也许这些模式会重复出现，也许不会重复出现。因此，不到最后，我们根本不知道这个模式是否真的有用。人们对于不确定的事总是有很大的心理障碍。

大部分人都认为自己能接受风险，但实际上都想要确定的结果。当然了，有点儿悬念也不错，这样我们的生活不至于太无聊。当交易时，每个人都不想亏损，每个人都认为这笔交易会赚钱，实际上所有的交易系统都会有一定比例的亏损。所以，我们很自然地想确认赚钱的交易，想回避亏损的交易，很难逃避这个诱惑。

　　大部分读者都明白，想超越自己的交易系统只会让自己感到超级郁闷。有时候系统给出的信号和你的逻辑分析完全相反，有时候系统会证明你的逻辑分析是错的，有时候你采用了系统信号，结果又亏钱了。你要明白，技术交易系统并不是让你拿来猜的。我的意思是，它的信号不是绝对正确的。技术交易系统只是通过分析过去的数据从而给你一个有概率优势的可能的结果。

　　和交易相比，因为赌博的结果是随机的，所以就很容易接受风险。我的意思是，在赌博时，你知道结果是随机的，所以你不会去预测结果。因此，如果赌博时输钱了，你不必承担责任。

　　然而交易的结果不是随机的，交易者根据自己的信念和期望进行交易，从而导致了价格波动，创造了机会和结果。每个交易者根据自己的信念参与交易，从而也影响了结果。因为交易者的行为是集体性的行为，他们行为的结果就不完全是随机的。如果交易者对市场没有自己的看法，那他们为什么要证明自己比交易系统聪明呢？

　　随机事件的结果不必让你负责任，交易时则要对结果负责任，这很难避免。要承担的责任越大，你的自尊承担的风险也越大，你就很难去参与。在交易时，如果你考虑不周，你就会责怪自己，而能让你考虑不周的事物太多了。

　　另外，你在交易时信息满天飞。你根据某些信息对未来有一定的期望，但是你的技术交易系统并没有考虑到这些信息。如此一来，信息告诉你的结果和交易系统告诉你的结果是矛盾的。这就是为什么人们很难去执行技术交易系统的信号。人们没有用概率思考的习惯——我们从小到大并没有学过如何用数学公式来分析大众行为的概率。

要想正确地执行交易系统的信号，你要在你的心理框架中加入两个概念——用概率思考，把系统的数字和行为联系起来。不幸的是，只有通过实战我们才能学到这些知识。大部分交易者在使用系统时，如果遇到了连续 2~3 次亏损，就对系统没信心了。但这是正常的现象，大部分交易系统都这样。这就会让人陷入两难之中。如果你不相信它，你如何会采用它？除非你用它实战了一段时间且内心已经接受了，否则，你是不会相信它的。正因为这些原因，我认为在执行交易时必须做到自律，这样才能形成完美的执行力。

练 习

从你的交易资金中拿一部分钱出来作为学费，用一个简单的交易系统进行交易。向自己承诺，一定会按照系统规则交易，你要认真地承诺，不能太随便。本练习的目的就是让你克服各种阻力。

你选择的系统不必是价格昂贵的系统。你可以从技术分析书中找到一个系统。我建议你买一个系统，不要自己去开发，毕竟本次练习的目的是克服交易中的阻力。如果是用自己设计的系统，你自然就一心想着要赚钱。这事以后再做，我会告诉你具体方法的。

你选择的系统的潜在风险最好和你的风险容忍度相适合。你要能忍受每笔交易的亏损额，至少是一开始能忍受。如果你不能忍受，你很有可能会放弃这次学习的机会。当你感到痛苦的时候，你就忘了从中学习，你想到的是让你感到痛苦的信息，结果就是痛苦的教训。

第 16 章　成功的步骤

你的目标是学会完美的执行力（完美的执行力指看见了机会就交易，包括止损）和在内心接受了概率思想，相信只要自己执行力好，长期而言就能用交易系统赚钱。

有很多信念会反对完美的执行力。以下建议能帮助你克服阻力：

第一，（对大部分人而言）这次练习并不轻松，所以不要对自己太苛刻了。你越是接受错误，你就越容易进一步做尝试。如果你的小孩在学骑自行车，我肯定在他摔倒的时候你是不会责怪他的，你只会鼓励他继续尝试，他最终会学会骑自行车。你也要这样对待自己。

第二，接受所有的系统信号是你唯一的直接体验可能结果的方法，并把数学和行为结合起来。你要克服阻力，你要长期按照系统的信号做，这样系统才会溶于你的心里。如果成功了，你的习惯就会帮助你做事了，你就不会有阻力了。你要尽量这么做，看看是否能提高你的业绩。请记住，除了学到自律和完美的执行力之外，长期而言，你还能赚钱，这才是更重要的。所以，练习时要做到轻仓。当你学会了毫不犹豫地信任自己时，你就可以加大仓位了。

你要坚持做这个练习，直到执行力成为了你的第二天性。当你获得了信心的时候，你也就学会了如何持续一致地赚钱。当你赚钱的时候，你又获得了信心。这个积极循环能够让你更加成功。

第五步：学会用概率思考

当你学会了基本技术以后，当你学会了有效地有纪律地和交易环境互动以后，你就可以利用自己的分析能力和直觉来决定市场的走势。这就需要学会用概率思考。我的意思是，如果你不能影响市场，那么你只能确定能影响市场的人的可能行为，这样你就可以跟着他们交易。你也可以看看市场表达了什么信念，这些信念会如何影响价格。这个确认的过程要求你做到客观，认真地去聆听市场的声音，而不是关心市场是不是又欺负你了。

记住，两个交易者之间的交易就构成了市场。我们的表达方式就是市场正在做的事。比如，你是否说过："市场不会创造新低的，它过去从没有到达过这个最低点？"如果你就在最低点买入了，万一有一个交易者愿意以更低的价格卖出，你就错了，市场才是对的。如果你认为市场适合做空，你可以在历史最低点做空，只要下一个交易者愿意以低一个基点的价格卖出，你就算是赢家了。

如果价格向下突破了最低点，那么就表明有很多交易者都相信市场会下跌，空头可以依靠自己的力量打败多头。不管空头的做空理由是什么，市场确实下跌了。此时你对市场的看法如何并不重要，除非你有本事让市场反转，如果你没有能力让市场反转，你可以选择顺势而为，你也可以选择逆势而为。

为了让你学会顺势而为，我设计了几个问题，这些问题能让你关注当天的市场状态。

目前市场在说什么？

谁在支付更高的价格，他们是在进场，还是在出场？

力量强不强？

动量形成了吗？

可以用某种方式衡量吗？

如何才能知道动量正在发生变化？

趋势减弱了，还是正常的回调？

如何能证明以下观点？如果市场显示了对称模式，这种对称模式被打破了，这表明平衡被打破了。

有没有一个特定的价位，这个价位能说明多头或空头完全控制了市场？如果到了那个价位，输家可能还需要一段时间才认输。你认为输家要多久才会平仓？

如果输家没有平仓，这说明了什么？

交易者在什么情况下会把现在模式和过去的模式联系起来？请记住，除非极度失望，一般人的信念是不会轻易改变的。当期望落空时，人们会感到失望。

什么会让主力失望？

那件事有可能会发生吗？

交易中的风险是什么？

在当前的风险前提下，有没有可能还有行情以增大利润？

我们也许不知道是不是有交易者会这么做，但是我们可以知道，在一定情况下他们有可能会怎么做。比如，如果交易者把价格打压到了之前的最低点之下会如何？这个新低会让持有多头仓位的多头平仓吗？新的空头会进场吗？持有空头仓位的空头会加仓吗？也许会。只有当很多人认为这个价格相对很便宜的时候下跌才会停止。参考价位一般是过去的最高点或最低点。

如果你不能确定明显的最高点、最低点或参考点，那么你就要问自己是否值得去冒险。市场要波动到什么价位，你才确定自己对方向的判断是错的？

你可以这样问你自己：要想保证这笔交易是赚钱的，市场要走到什么价位？如果市场能到这个价位，我的仓位还有可能赚钱；如果不到那个价位，我赚钱的概率就不大了。

请记住，你要根据自己的风险忍受度决定止损额和止损点。否则，无论你认为自己能赚多少都不要建仓，除非你调整的参数可以接受潜在的亏损。

你自己可以选择标准来定义机会。确认明显的参考点并下单，然后看市场怎么走。你要尽量根据市场状况提前判断概率高的走势并下单。通过提前下单，你就能学会如何让市场为你工作。提前下单可以防止你坚持某个观点，价格的时刻变化也不会引起你内心的冲突。

请记住，因为市场在一直波动，所以你就要不停地评估潜在的收益和风险。要有效地做到这一点，你需要当作自己是空仓的，这样才能客观地观察市场。这样你就不会忧郁、希望和一厢情愿地祈祷市场让你赚钱，你就会该做什么就做什么。

市场不会证明你是对的，你只能自己证明自己是对的。看到进场、出场或反转仓位等机会后，你是否有执行力能说明你的心态。当你忧郁或不知所措的时候，你要做记录，以确定自己的心态。你要据此作为你的参考。

当你想建仓的时候，你要通过想象问自己，随后的 5 分钟或第二天（根据你的时间框架）的市场能证明你的思路是对的吗？趋势还在吗？如果情况相反，该怎么办？道理是一样的，提前在适当的价位下单。

这些问题能提醒你一切都有可能发生，你要为各种可能的事情做好准备。如果发生了什么事，你要知道，有时候你是无法提前考虑到所有因素的，所以难免会有意外发生。比如，很多交易者第一次进场时，如果力量太大，足以反转市场的方向。

请记住，价格会沿着力量最大的方向前进（交易者实现了自己的关于未来的信念），或价格会沿着阻力最小的方向前进。明显的参考点说明了多头和空头之间的平衡，你可以评估双方的力量差别，看看市场有可能往哪个方向走。

通过确认明显的参考点，你就能确定多头或空头的信念。如果你能确定某些人的信念，那么你就能知道这些人的可能的行为。

我想提醒你，这个方法只是为了让你明白，交易者通过交易表达自己对未来价值的信念，从而导致了价格的波动。人数最多，信念最强的交易者总是对的。最轻松的赚钱方法就是跟着他们交易。

要想确定市场的主力方向,你需要远离大众,放弃自己的想法,看看哪些人最有可能以什么力度来影响市场,看看别人会如何反应,如果事实并不是你想的这样,那么交易者又要怎么办?

通过问自己这些问题,你就会把注意力放在市场可能的走势上面。如果你对市场行为的看法有局限性,那么你只会关心不可能的事,不会关心可能的事。你的心理结构会认为市场必须这样走或那样走,你关心的是市场对你做了什么,如果市场的行为让你感到了痛苦,那么你就很有可能回避或扭曲信息,结果还是痛苦。

第六步:学会做到客观

要想做到客观,你需要接受任何事都有可能发生,不能认为市场表达自己的方式是有限的。如果你相信任何事都是有可能的,那么任何事都不会对你构成威胁,你就不会回避或扭曲某些市场信息了。你认为市场表达自己的方式是有限的,这等于说明你没有信心去应对各种市场状况。当市场的表达方式和你想象的不一样时,你就会感到害怕、紧张和焦虑。

不管怎么说,你对市场未来的走势还是有一定期望的,否则你不会建仓的。要想做到客观,你不能要求市场怎么走,你应该评估市场可能的走势。我们在社会生活中可以发号施令以得到自己想要的结果。我们在人际交往的时候喜欢发号施令,以为这样才能控制住别人。我们学到了一些规则,一旦我们学会了这些规则,尤其是通过痛苦的方式学会的时候,我们就以为可以通过发号施令得到自己想要的结果。因此,我们会要求环境要顺从我们的意图,因为我们不愿意轻易放弃自己的期望,我们在市场中也想发号施令,认为市场要按照自己的思路走其实就是在发号施令了。

如果你不同意这个说法,请这样思考,如果我们没有让市场顺从我们的意图，我们为什么要发怒？你对市场是否感到愤怒？发怒是一种天生的自我防范机制。当我们感到愤怒的时候，这表明环境在某种程度上攻击了我们，导致心理环境和外部环境之间的不平衡。外部环境要么是让我们看到了自己的某个方面，要么是让我们看见了我们不愿意接受的东西。我们通过发怒的方式抵御这种攻击以保护自己。在生活中，我们可以通过发怒得到自己想要的东西（改变我们无法接受的外部环境），或回避我们不喜欢的自我。

然而，如果我们对市场发号施令，我们就错过了准确评估市场走势的信息。如果我们没有能力按照自己的意图推动市场，同时又不愿意放弃自己对市场的期望，我们就会进入两难的境地。否则，我们就会在我们的意识中曲解、修改或排除信息。当我们期待的结果和真实的结果不一样时，我们就会扭曲自己的认知以弥补这种差别。

我们对未来的期望是我们对市场信息的认知，它会避免和我们内心的信念发生直接冲突。

从市场的角度来说，我们的期望并没有全面地反应市场可能的走势。如果我们看到的比实际的少，那么我们有很多方面不知道，结果就是痛苦。要想做到客观，你就要接受很多可能性。在任意时刻，你要知道任何事都是有可能发生的。

以下是客观的感觉，当你有以下感觉时，你就是客观的。

①不管做什么事，你都没有压力；
②你没有恐惧感；
③你没有被拒绝的感觉；
④没有对或错；
⑤你知道市场透露的信息，你知道自己在做什么；
⑥即使你持有仓位，你也能做到就像自己是空仓的一样地观察

市场；

⑦你关注的不是账户资金变化，你关注的是市场结构的变化。

保持客观就是相信一切都有可能。然后你要提前决定在每个状况下该怎么做。如果你预期的情况都没出现，那么你应该平仓。你不必要求自己一定要正确。只要你的评估不是绝对的，你就不太可能感到痛苦。

第七步：学会监督自己

第 14 章的方法说了如何实现自律性，你要开始关注你的想法和市场信息。

交易规则

当你持有仓位的时候，你要不停地问自己："如果发生了某事，我该怎么办"。很明显，你希望市场能让你赚钱，然而，我希望你能监督自己的感受，你要监督自己做出的承诺。请记住，"正在发生的事"和"必定会发生的事"是有很大的区别的。如果你发现自己的期望值越来越高，因为你相信自己能够适当地应付任何事，所以你要不停地告诉自己任何事都是有可能发生的。

你要问自己，什么事不会发生？市场不会做什么？如果你发现自己为自己的持仓找理由，那么你就是在幻想，你就会感到痛苦。请记住，市场可以做任何事，市场可以拿走你的利润。当你发现你正在赚钱时，千万不要又亏了。

你今天准备好了赚钱吗？如果答案不是明确的"是"，那么你在交易前就要找到原因。如果你不能解决这个问题，或置之不理，那么最好就不要交易。如果你决定无论如何都要交易，那么你就要尽量做到轻仓交易。

当你发现自己在关注某笔交易的金额变化，并没有关注市场结构（也就是说你没有关注市场可能的走势，而是在关注这笔交易的金额变化、梦想、目标等等）的时候，那么就说明你在曲解或回避某些信息，你不够客观。你应该平仓，等自己做到了客观后再进行交易。

第 17 章　最后的说明

即使你已经掌握了本书中的所有技术，有时候你会发现交易无非就是反应出你在任意时刻喜欢自己的程度。当你相信自己总是能按照自己的信念行动的时候，唯一能阻止你的就是你自我评估的程度。也就是说，你赚到的钱和你对自己的评估是一致的。你对自己的评价越好，你的业绩就越好。你认为你应该赚到多少钱，你就能赚到多少钱。你的感觉越积极，你就会感觉资源越丰富。所以，在本质上，如果你对自己的评价并不高，你就要改变自己心理环境中消极的因素，这样你作为交易者才能赚到更多的钱。如何去做？你要关注要学的知识，做必要的工作，只要你愿意改变，信念中可能的事就会变成现实。